NEUER TAG

Hoffnungstexte voller Musik

Danke an alle, die bei Startnext die Finanzierung dieses Buches mit unterstützt haben:

Christian Metzler, Anja Coerlin, Jörg J. Müller, Siggi Schütz-Müller, Joseph Avakian, Marc Schneider, Martin Sartissohn, Hendrik Lütjen, Jens Vaylann.

Erschienen im Eigenverlag.

Verlag & Druck: tredition GmbH, Halenreie 40-44, 22359 Hamburg
ISBN: 978-3-347-08667-8

1. Auflage erschienen im Oktober 2020

Lektorat: Lena Witzmann
Foto: Julia Eden Lill
Satz & Layout: Lukas Ullrich

NEUER TAG

Hoffnungstexte voller Musik

Inhalt

Dieses Buch widme ich meiner geliebten
Frau Jorinna und meinem Sohn Levi.
Ihr seid die wichtigsten Menschen in meinem Leben
und macht mich an jedem neuen Tag glücklich.

Danke für alles!

VORWORT

Ohrwürmer

Ich habe kein sehr gutes Gedächtnis. Ich kann mir weder Namen noch Geburtstage gut merken und meistens vergesse ich irgendetwas, das ich einkaufen oder mitbringen sollte. Aber, woran ich mich noch sehr gut erinnern kann, sind die Liedtexte aus meiner Teeniezeit. Wenn ich die alten Lieder wieder rauskrame, dann kann ich fast jeden Text noch auswendig. Musik hat eine Kraft, Inhalte und Liedtexte in mein Gehirn zu brennen, wie sonst kaum etwas. Ich kann mich an wenige Predigten erinnern, die ich in den letzten Jahren gehört habe, sehr wohl aber noch an sehr viele Lieder. Melodien helfen uns dabei, Inhalte besser abspeichern zu können. Wir tragen sie den ganzen Tag mit uns herum und summen die Lieder vor uns hin. Sie werden zum ständigen Begleiter in unserem Alltag.

Musikmissionar

Genau aus diesem Grund habe ich mich 2003 als Musikmissionar selbstständig gemacht und meine Leidenschaft für Musik mit einer theologischen Ausbildung kombiniert. Ich glaube, Musik ist das Beste Transportmittel für die beste Botschaft der Welt. Oftmals findet sie ihren Weg ins Herz der Zuhörer ohne dabei den Umweg über den Verstand machen zu müssen. Seither habe ich viele viele Konzerte gespielt, gepredigt, Bücher geschrieben,

Radioandachten und Artikel für christliche Zeitschriften geschrieben. Aber zum allerersten Mal verbinde ich in diesem Buch beide Welten: Musik und Theologie.
Bei jedem Lied, das entstanden ist, haben wir als Songschreiber uns eine Menge Gedanken gemacht. Oftmals haben wir Bibeltexte zusammen gelesen oder unsere Erfahrungen zu einem Thema ausgetauscht und all das in den Song einfließen lassen. Sehr viele Lieder auf dem Album sind auch aus Predigtthemen heraus entstanden.
Das Buch, das du in deinen Händen hältst, soll dir einen Blick zwischen die Zeilen geben, das inhaltliche Bild größer malen und dich im Glauben stärken und ermutigen. Ich bin mir sicher, du wirst die Lieder anschließend mit einem anderen Ohr hören und sie werden für dich mehr an Tiefe gewinnen. Aber auch wenn du meine Musik gar nicht kennst, werden dir die Andachten in diesem Buch helfen, deinen Glauben zu vertiefen.

Tiefer graben

Wichtig ist mir dabei immer, dass wir nicht nur Bibeltexte lesen und studieren, sondern, dass der Glaube eine praktische Anwendung im Alltag findet. Deshalb gibt es am Ende jedes Kapitels ein paar Fragen, um weiter über das Thema nachzudenken oder auch, um in einem Jugendkreis, einer Kleingruppe oder auf einer Freizeit das Thema zu vertiefen. Ebenso gibt es für alle, die sich noch mehr mit dem Thema beschäftigen wollen, ein paar Lesetipps und Bibelstellen, die sie zusätzlich noch nachschlagen und lesen können.
Am stärksten wird dieses Buch aber für dich sein, wenn du dir die Songs parallel dazu anhörst. Auf allen Plattformen wie Spotify, iTunes, Amazon und bei vielen anderen Anbietern, findest du die Songs unter Daniel Harter und dem Album „Neuer Tag“. Ich glaube die Kombination aus Musik und Botschaft ist die eigentliche Stärke bei diesem Album und in diesem Buch.

Musiktherapie

Ich erlebe immer wieder, dass Gott Musik gebraucht, um Menschen zu berühren. Das überrascht mich nicht, denn schon in der Bibel wird an vielen Stellen deutlich, welche Kraft Musik hat. Zum Beispiel als im Alten Testament König Saul durch eine schwierige Zeit geht. Heute würde man sagen er hatte eine handfeste Depression. Immer wieder ist er in tiefe Löcher gefallen und nichts schien zu helfen. Bis seine Berater die gute Idee hatten, einen Musiktherapeuten anzustellen (1. Samuel 16,16). Tatsächlich wird ein Jugendlicher mit dem Namen David als Musiker angestellt und immer, wenn er musizierte, verflogen die schlechten Gedanken des Königs (1. Samuel 16,23).
Die Musik Davids hatte die Kraft, den Alltag des Königs grundlegend zu verändern und zu bereichern. Es war mehr als nur Musik. Es waren Töne, die in die unsichtbare Welt hineinreichten. David spielte sein Instrument und durch die Kraft der Musik verschwand die Depression und der „böse Geist" musste fliehen.

Ich wünsche mir, dass Gott die folgenden Kapitel und die Musik dazu benutzt, deinen Alltag zu bereichern, dir Freude, Hoffnung und Zuversicht ins Herz zu geben, denn genau dafür wurden die Songs und dieses Buch geschrieben.

Viel Spaß beim Lesen,
Daniel Harter

01

DANKE FÜR ALLES

Text & Musik: Daniel Harter, Martin Denzin, Mitch Schlüter

Bin ich in deiner Welt, sieht meine anders aus:
alles so viel schöner, alles sieht bestechend aus.
Ich höre irgendwo ein Lied,
das durch meine Seele zieht.

Der Lärm verwandelt sich und wird zur Sinfonie,
wir heben ab, durchfliegen weite Galaxien.
So ein meilenweiter Blick.
Mir ist schwindelig vor Glück.

Danke für alles. Dass du meine Sonne bist,
meine Liebe, mein Leben,
dass du Regenwolken einfach weiterschiebst.
Danke für alles, dass du an meiner Seite gehst,
mein liebgewordenes Leben.
Niemals gebe ich dich her oder zurück.
Danke für alles. Danke für alles. Danke für alles.

Ich schwebe durch den Raum, bin völlig vogelfrei.
Gedankenstürme werden still im freien Fall.
Dein Herz schlägt mir den Beat
und spielt für mich ein Lied

von dem Leben, von der Liebe, von der Freiheit und
von der Gleichheit aller Menschen auf dem kleinen Punkt,
der von hier die Erde ist.
Alle Grenzen weggewischt.

Danke für alles. Dass du unsre Sonne bist,
die Liebe, das Leben,
dass du schwere Regenwolken weiterschiebst.

Danke für alles. Dass du an unsrer Seite gehst
du liebgewordenes Leben.
Was gebe ich von mir an dich zurück?

Und wenn sie mich fragen,
dann werde ich sagen,
was du alles, dass du alles für mich bist.

Es war einmal

... vor langer Zeit in einem fernen Land ein alter Bauer. Der Bauer war arm und hatte nicht viel. Eines Tages lief sein einziges Pferd davon und die Bewohner des Dorfes kamen zu ihm und sprachen: „Oh du armer Bauer, welch ein Unglück". Der Bauer erwiderte: „Ob gut, ob schlecht – wer kann das schon sagen?". Wenige Tage später kam das Pferd zurück. Es hatte sich mit einigen Wildpferden angefreundet, die alle mit ihm gekommen waren, und der Bauer war nun reich und hatte viele Pferde. Die Menschen im Dorf beneideten ihn und sagten: „Oh du glücklicher Bauer, wie sehr du dich freuen musst." Er aber sprach: „Ob gut, ob schlecht – wer kann das schon sagen?". Und es kam, dass sein einziger Sohn sich beim Zureiten der Wildpferde verletzte. Er stürzte vom Pferd und brach sich das Bein, so dass er viele Monate nicht auf dem Hof helfen konnte. Und die Leute kamen zum Bauern und sagten: „Welch Tragödie!" Er zuckte mit den Achseln und sprach „Ob gut, ob schlecht – wer kann das schon sagen?" Und es brach Krieg über das Land herein, Soldaten kamen und nahmen alle Söhne des Dorfes mit, auf dass sie im Krieg kämpften und starben. Nur der Sohn des Bauern wurde nicht mitgenommen, denn aufgrund des gebrochenen Beines war er für die Armee nicht zu gebrauchen.

Danken schützt vor Wanken

„Ob gut, ob schlecht – wer kann das schon sagen?". Die Bibel sagt das so: *„Dankt Gott in jeder Lebenslage! Das will Gott von euch."* (1. Thessalonicher 5,18). „Danken schützt vor Wanken" sagt ein altes Sprichwort und ich merke, wie dieses Gebot „dankt Gott in jeder Lebenslage!" mein Leben sehr bereichert hat. Aus Dankbarkeit wächst Freude und Zufriedenheit. Wenn man dankbar ist, kann man schlecht gleichzeitig ein brummiger Mensch sein. Selbst wissenschaftliche Studien haben mittlerweile belegt, dass wir Menschen produktiver, fröhlicher und ausgeglichener sind, wenn wir uns der Dinge bewusst sind, für die wir dankbar sein können. Motivationsredner und Schulungen für Führungskräfte lehren das, was Paulus schon vor vielen Jahren den Kolossern geschrieben hat: „*Hört nicht auf zu danken für das, was Gott euch geschenkt hat*" (Kolosser 2,7). Ob wir das Glas als halbvoll oder als halbleer betrachten, verändert uns und unser Denken.

Der Weg zum Glück

Hans-Peter Royer hat mich durch seine Bücher und Predigten stark geprägt. Kurz vor seinem tragischen Tod im Sommer 2013 hatte ich das Vorrecht, mit ihm ein paar Gottesdienste gestalten zu dürfen. Eine seiner Predigten hallt noch bis heute in meinem Kopf nach. Der Kernsatz lautete: „Nicht die Glücklichen sind dankbar, sondern die Dankbaren sind glücklich!" Das trifft den Nagel auf den Kopf. Dankbarkeit führt zu einem glücklichen Leben.

Als Anbetungsleiter werde ich immer wieder gefragt, wie ich Anbetung definieren würde. Ich glaube, wenn wir Gott danke sagen, dann ist das Anbetung. Wenn wir ihm die Ehre geben für all das Gute, das wir erleben und für das, was er für uns tut und getan hat, dann freut das Gott. In Psalm 50, 14+23 heißt es: „*Nicht Opfer will ich von dir, sondern Dank: Löse deine Versprechen ein, die du mir in Bedrängnis gegeben hast, mir, dem Höchsten, deinem Gott! Dank ist die Opfergabe, an der ich Freude habe.*"

Ein Blick in die Zukunft

Ein Punkt in meinem Leben, an dem mir deutlich geworden ist, dass ich Dankbarkeit lernen muss, war, als mir jemand einen Spiegel vorgehalten hatte. Er sagte: „Versuche einmal, deine Dankbarkeit als eine Kurve darzustellen. Wie sähe diese Kurve aus? Bist du viel oder wenig dankbar? Welchen Verlauf hat die Kurve in den letzten Jahren genommen? Und jetzt überlege: Wo wird diese Kurve enden, wenn sie die nächsten zehn Jahre in die gleiche Richtung weitergeht?" Zu der Zeit damals hatte ich sehr mit Einsamkeit zu kämpfen und war oft frustriert und alles andere als dankbar. Weiter sagte mein Freund: „Wenn du heute nicht lernst zufrieden zu sein, dann wird diese Kurve in 10 Jahren unten ankommen und du wirst ein verbitterter und trauriger Mensch sein! Deshalb musst du unbedingt heute einen dankbaren Lebensstil einüben."

Loben zieht nach oben

David ist einer der Menschen in der Bibel, der es gelernt hat, in allen Umständen zufrieden zu sein und alles dankbar aus Gottes Hand zu nehmen. Er schreibt: *„Herr, was ich brauche, du teilst es mir zu; du hältst mein Los in der Hand. Mir ist ein schöner Anteil zugefallen; was du mir zugemessen hast, gefällt mir gut"* (Psalm 16,5–6).
Dankbarkeit scheint etwas zu sein, das man lernen kann. Zumindest glaube ich nicht, dass es Paulus und Silas leichtfiel, im Gefängnis zu danken und Lieder zu singen, wo sie doch gerade Prügel eingesteckt hatten und nun in Ketten gelegt im Gefängnis saßen. Es war eine Entscheidung, die sie trafen und nicht unbedingt ein Gefühl dem, sie gefolgt sind: *„Um Mitternacht beteten Paulus und Silas und priesen Gott in Lobgesängen. Die anderen Gefangenen hörten zu. Da gab es plötzlich ein gewaltiges Erdbeben. Die Mauern des Gefängnisses schwankten, alle Türen sprangen auf und die Ketten fielen von den Gefangenen ab."* Apostelgeschichte 16,25.

Dankbarkeit sprengt förmlich die Ketten und macht uns frei, denn „danken schützt vor Wanken und loben zieht nach oben!" Danken ist aber nicht nur der Weg aus unseren Problemen heraus, sondern ist auch gleichzeitig der Weg in die Gegenwart Gottes hinein. Ein dankbares Herz ist der Schlüssel zum Thronsaal Gottes: *„Geht durch die Tempeltore mit einem Danklied,* *betretet den Festplatz mit Lobgesang! Preist ihn, dankt ihm für seine Taten!*" Psalm 100,4. Oder wie Dietrich Bonhoeffer es gesagt hat: „Dankbarkeit öffnet den Weg zu Gott".

Im Kopf fängt alles an

Ich merke: Wenn ich es mir zur Gewohnheit mache über die Dinge nachzudenken, für die ich dankbar bin, dann verändert das mein ganzes Leben. Aber es beginnt ganz klein: in meinen Gedanken. Es gibt einen Spruch, der sagt: „Du säst einen Gedanken und du erntest eine Tat. Du säst eine Tat und du erntest eine Gewohnheit. Du säst eine Gewohnheit und du erntest einen Lebensstil. Du säst einen Lebensstil und du erntest eine Bestimmung." Ein erfülltes Leben fängt in meinem Kopf an. Deshalb wiederholt sich Paulus da auch des Öfteren und sagt: *„Dankt Gott, dem Vater, zu jeder Zeit für alles im Namen unseres Herrn Jesus Christus*" (Epheser 5,20). Für alles. Zu jeder Zeit. Das ist ganz schön oft.

Meine Einstellung macht den Unterschied.

Die beste Geschichte wie wir zu echter Zufriedenheit und Dankbarkeit gelangen können, habe ich von Emily Perl Kingsley gelesen. Sie geht ungefähr so:

„Das Leben ist manchmal so ähnlich wie eine wundervolle Reise nach Italien, die man seit Monaten geplant hat. Man deckt sich mit Reiseprospekten und Büchern über Italien ein und macht sich großartige Pläne: das Kolosseum, der Strand, eine Gondelfahrt in Venedig. Man lernt vielleicht noch ein paar nützliche Brocken Italienisch. Es ist alles so aufregend. Nach Monaten ungeduldiger Erwartung kommt endlich der langersehnte Tag. Man packt die Koffer und es geht los. Einige Stunden später landet das Flugzeug. Die Stimme der Stewardess aus dem Lautsprecher sagt: „Willkommen in Holland!". „Holland? Was meinen Sie mit Holland? Ich habe eine Reise nach Italien gebucht! Mein ganzes Leben lang habe ich davon geträumt, nach Italien zu fahren!" Aber der Flugplan wurde geändert. Du bist in Holland gelandet und da musst du jetzt bleiben.

Wichtig ist, dass du nicht in ein schreckliches, dreckiges, von Hunger, Seuchen und Krankheiten geplagtes Land gebracht worden bist. Es ist nur anders. Es ist Holland und nicht Italien. Also musst du losziehen und neue Reiseführer besorgen. Und du musst eine komplett neue Sprache lernen. Und du triffst eine ganze Reihe anderer Menschen, die du in Italien nie getroffen hättest. Es ist ein anderer Ort. Langsamer als Italien, nicht so glitzernd wie Italien. Aber alle, die du kennst, beschäftigen sich damit, nach Italien zu reisen oder aus Italien zu kommen. Alle prahlen damit, welch wunderschöne Zeit sie dort verbracht haben.
Nachdem du aber einige Zeit in Holland verbracht hast, schaust du dich um und du entdeckst, dass Holland Windmühlen hat, Tulpen und sogar ein Gemälde von Rembrandt. Es ist eigentlich ganz wunderbar. Aber, wenn du dein Leben damit verbringst, dem verlorenen Traum der Reise nach Italien nachzutrauern, wirst du nie offen für das sein, was Holland dir zu bieten hat.
Wir können ein Leben lang unzufrieden sein, weil wir auf eine bestimmte Sache warten oder fokussiert sind und dabei verpassen, dass wir eigentlich ein Leben voller Schönheit um uns herum haben. Oft stellt sich Zufriedenheit ein, sobald wir uns dafür öffnen, dass es mehr gibt, als das, was unsere Vorstellung uns ausmalt.

Bei wem kann ich mich bedanken, für so einen schönen Tag?
Ich will lernen Dankbarkeit zu einer Gewohnheit zu machen. „Danke für Alles“ ist in erster Linie ein Lied, das Gott danke sagen möchte für all das Gute, das er mir schenkt. Dafür, dass er meine Gedankenstürme stillt, ein fröhliches Lied durch meine Seele wehen lässt und meine Welt so anders aussieht, wenn ich sie aus seiner heraus betrachte. Ein Dank dafür, dass er meine Sonne, die Liebe und das Leben selbst ist. Und die Frage: Was kann ich für all das jemals zurückgeben?
Aber es ist gleichzeitig auch ein Lied an die Menschen, die mir wertvoll sind. Ich will lernen öfter „danke für alles“ zu sagen und will die Dinge nicht für selbstverständlich erachten.

Ein dankbares Herz ...

... führt zu einem zufriedenen Leben. Wenn ich es lerne danke zu sagen, dann ist es wie mit einem Lächeln: Es kommt wie ein Bumerang zu mir zurück. Deshalb möchte ich die Chance an dieser Stelle nutzen und danke sagen: Danke an meine geliebte Frau, an all die Menschen die mich in meiner Arbeit unterstützen, an meine Kirche, meine Kollegen und natürlich an unseren guten Gott.

Zum Weiterlesen

„Obwohl sie Gott kannten, ehrten sie ihn nicht als Gott und dankten ihm nicht. Ihre Gedanken liefen ins Leere und in ihren unverständigen Herzen wurde es finster.“ Römer 1,21

„Für die Bekümmerten ist jeder Tag böse, die Glücklichen kennen nur Festtage.“ Sprüche 15,15

Zum Weiterdenken

Schreibe zwei Wochen lang jeden Abend mindestens zwei Dinge auf, für die du an diesem Tag dankbar bist.

02

ICH NEHM DICH MIT (WEG ZUM GLÜCK)

Text & Musik: Martin Denzin, Mitch Schlüter, Daniel Harter

Zögern bringt dich nicht voran.
Stillstand hält deine Zeit nicht an.
Warten ist eine Endstation,
wegsehen von dem, was du nicht mehr kannst.

Hör mir doch mal zu und schau mir in die Augen.
Es kann jetzt weitergehen, du kannst auf mich vertrauen.

Ich nehm‘ dich mit und geh‘ mit dir soweit die Füße tragen.
Wir geh‘n den Weg zusammen zum Glück.
Ich nehm‘ dich mit an einen Ort, an dem wir selig werden.
Ich nehm‘ dich mit, wir geh‘n zusammen den Weg zum Glück.

Dein Weg hierher war schon viel zu lang.
Lass steh‘n, was du nicht mehr tragen kannst.
Mäntel des Schweigens wärmen dich doch nicht,
brich sie, brich sie – draußen wartet Licht.

Überall war Blut. Ich war wie gelähmt. Konnte keinen klaren Gedanken fassen. Hilflos. Keine Ahnung, was ich machen sollte. Meine Hand schmerzte, aber viel schlimmer war das, was ich sah. Wir waren mitten in unseren Flitterwochen. Rucksacktour durch Thailand, Kambodscha und Vietnam. Ein Traum. Verliebt bis über beide Ohren. Weiße Sandstrände. Leckeres Essen. Doch an diesem heißen Tag in Vietnam änderte sich alles. Wir wollten mit einem Roller die Küste runter zur nächsten Großstadt fahren. Doch nach 90 Minuten Fahrt passierte es. Auf einem Schotterweg rutschte der Roller weg. Nun kniete ich vor meiner Frau. In ihrem Knie ein tiefes Loch, vom Ellbogen tropfte das Blut. Was sollte ich tun? Hier gab es weit und breit nichts. Kein Krankenhaus. Kein Verbandszeug. Mitten auf dem Land. Keiner konnte Englisch.

Ich rannte zum nächsten Haus, holte Wasser und versuchte, die Wunde zu säubern. Währenddessen blieb mir nur ein Stoßgebet: „Gott, hilf uns!“ Ehrlich gesagt hatte ich nicht erwartet, dass es funktioniert. Doch keine zwei Minuten später kommt auf dieser verlassenen Straße im Nirgendwo ein Mini-Bus vorbei. Er hält an unserem Roller an, der immer noch mitten auf der Straße liegt. Ein englischsprachiger Reiseführer steigt aus. Zufällig hat er professionelles Verbandszeug dabei. Er kniet sich neben mich und im Handumdrehen hatte er die Wunden desinfiziert und professionell verbunden. Und noch bevor ich wieder klar denken konnte, war er auch schon wieder verschwunden. Zwei Stunden später waren wir dann endlich in einem Krankenhaus. Dem einzigen mit einer Praktikantin, die ein bisschen Englisch konnte. Meine Frau wird genäht und selbst der Arzt staunt nicht schlecht darüber, wie professionell die Wunde noch am Unfallort versorgt wurde.

Diese Geschichte ist für mich ein ganz praktisches Beispiel dafür, dass es gut ist, wenn wir nicht alleine im Leben unterwegs sind. In diesem Fall wird der Bibelvers aus Prediger 4,10 ganz konkret: *„Wenn zwei unterwegs sind und hinfallen, dann helfen sie einander wieder auf die Beine. Aber wer allein geht und hinfällt, ist übel dran, weil niemand ihm helfen kann.“*

Ich geh mit dir

... ist eine Ermutigung, nicht alleine durchs Leben zu gehen. Wir brauchen einander. Es gibt Zeiten, in denen müssen wir durchgetragen werden und es gibt Zeiten, da müssen wir andere tragen. Aber es ist wichtig, dass wir die Mäntel des Schweigens brechen, denn sie wärmen uns nicht. Es ist wichtig, dass wir auf dieser Reise des Lebens den anderen mitnehmen, soweit die Füße tragen. Raus aus dem Stillstand, dem Zögern, dem Abwarten, dem zurückgezogen sein.

Eine der größten Nöte unserer Zeit ist Einsamkeit. Bei allen sozialen Medien, die wir nutzen, bei all den Nachrichten und Kommunikationsmöglichkeiten, bleiben wir doch oft allein und haben keinen, der den Weg tatsächlich mit uns geht. Aber die Bibel benutzt ein klares Bild: Wir alle hängen zusammen wie ein Körper. Wir brauchen einander. Keiner kann alles. Jeder hat seine Funktion und seinen Teil. Und wenn einer hinfällt, dann betrifft das alle: „*Wenn irgendein Teil des Körpers leidet, leiden alle anderen mit. Und wenn irgendein Teil geehrt wird, freuen sich alle anderen mit.*" 1.Korinther 12,26.

Einer fällt, alle leiden

Ich erinnere mich noch gut, wie ich mir an meinem 30. Geburtstag die Fingerkuppen an einem heißen Grill verbrannt habe, als ich versuchte, diesen wegzutragen. Das waren nur ganz kleine Stellen an meinem Körper, aber sie hatten große Auswirkungen auf alles – besonders auf mein Gitarrenspiel. Das ist das Bild, das Paulus benutzt. Genau so sollen wir mitleiden mit denen um uns herum, die allein und verletzt sind: „*Helft einander, eure Lasten zu tragen. So erfüllt ihr das Gesetz, das Christus uns gibt.*" Galater 6,2

Den „Weg zum Glück"

... werden wir nicht alleine finden. Wir müssen einander mitnehmen, den Weg zusammen gehen zu dem Ort, an dem wir selig werden. Das wird uns stärker und widerstandsfähiger machen. Wir werden die „*Zerreißprobe*" besser bestehen, wenn wir nicht alleine durchs Leben gehen, denn „*ein Seil aus drei Schnüren reißt nicht so schnell.*" (Prediger 4,12)

Der Teamgedanke ist einer, der sich durch die ganze Bibel hindurch zieht. Die Idee, dass wir einander ergänzen sollen, findet sich in sehr vielen Texten (zum Beispiel in 1. Korinther 12, 4–11). Wir sind im gleichen Team. Wir kämpfen nicht gegeneinander, sondern jeder bringt etwas mit, was den anderen ergänzt. Nur wenn wir das verstanden haben, werden wir die großen

Stürme des Lebens bewältigen. Nicht als Einzelkämpfer, sondern in einem Team.

Blumen gießen

Eines der schönsten Bilder habe ich kürzlich entdeckt, als ich über eine Statistik gestolpert bin, die besagt, dass 25% aller Frauen beim Blumengießen mit ihren Blumen sprechen, weil sie glauben, dass diese dann besser wachsen. Männer tun das auch, aber es sind angeblich nur schwache 5% aller Männer, die dies tun. Der berühmteste unter ihnen ist wahrscheinlich Prinz Charles. Ich weiß zwar nicht, wie man solche Statistiken erhebt, aber es hat mich neugierig gemacht, ob an dem Gerücht etwas dran ist, dass Pflanzen schneller wachsen, wenn man liebevoll mit ihnen spricht, ihnen Geschichten vorliest oder Musik vorspielt.
Es gibt tatsächlich mehrere wissenschaftliche Experimente, die dieses Phänomen untersucht haben. Pflanzen, mit denen man gesprochen hat oder denen man Musik vorgespielt hat, sind schneller gewachsen und haben einen höheren Ertrag erbracht als Pflanzen, mit denen man nicht gesprochen hat. Je nach Pflanze gab es so deutlich höhere Erträge, so dass ein Bauer sogar angefangen hat, seine Felder mit Musik zu beschallen.

Ich glaube genau aus diesem Grund schreibt Paulus: *„Sprecht ermutigende Worte in das Leben eurer Mitmenschen. Macht euch gegenseitig Mut und achtet darauf, dass keiner außen vor ist.“* (1. Thess. 5,11, frei übertragen). Eine ganz praktische Methode, wie wir den „Weg gemeinsam gehen“ können ist, indem wir unsere Mitmenschen ermutigen und Gutes über ihr Leben aussprechen, denn wir Menschen sind genau wie die Pflanzen: Wir wachsen besser, wenn wir in Kommunikation mit anderen stehen. Es tut uns gut, wenn andere Menschen in unser Leben sprechen.

Nähe tut gut

Als ich mir die Experimente anschaute, in denen mit Pflanzen gesprochen wurde, stolperte ich über ein weiteres, faszinierendes Experiment. Dabei wurde untersucht, ob Pflanzen schneller und besser wachsen, wenn sie alleine stehen oder wenn andere Pflanzen neben ihnen wachsen. Und tatsächlich: Pflanzen kommunizieren untereinander und wachsen schneller, wenn ihresgleichen neben ihnen wächst, doch sobald man eine Glaswand zwischen die Pflanzen stellt, ist der Effekt weg. Ein schönes Bild, das genau das beschreibt, was wir im neuen Testament immer wieder lesen. Unsere Aufgabe ist es, den Weg zusammen zu gehen. Zum Glück. Unsere Aufgabe ist es, einen guten Nährboden, ein gutes Umfeld für Wachstum zu schaffen und Gutes in das Leben unserer Mitmenschen hineinzusprechen: *„Haltet in derselben Gesinnung zusammen und habt Mitgefühl füreinander! Liebt euch gegenseitig als Brüder und Schwestern! Seid gütig und zuvorkommend zueinander!“* 1. Petrus 3,8

Eine andere Dimension

Wie bei so vielen Liedern von mir stecken im Songtext aber auch verschiedene Dimensionen und Bezüge. Zum einen, die Verantwortung, dass wir einander tragen und den Weg zum Glück zusammengehen. Zum anderen kann es auch ein Lied aus der Perspektive Gottes sein, der mir zusingt und zusagt, dass er den Weg mit mir gemeinsam geht. Jesus sagt: *„Kommt alle zu mir; ich will euch die Last abnehmen! Ich quäle euch nicht und sehe auf niemand herab. Stellt euch unter meine Leitung und lernt bei mir; dann findet euer Leben Erfüllung.“* Matthäus 11,28–29
Wenn du denkst, du kannst nicht mehr, wenn du dich allein fühlst, wenn du keine Ahnung mehr hast, wie es weitergehen soll, dann schrei zu Gott! Er will für dich da sein. Er will dir helfen. Du musst ihn nur darum bitten.

Zum Weiterlesen

In der Bibel finden sich ein paar Freundschaften wieder, die wir als Modell nehmen können, um davon zu lernen. Eine davon ist David und Jonathan in 1. Samuel 18, 1–4; 19, 1–7. Was können wir aus dieser Freundschaft lernen?

Zum Weiterdenken

Wer sind die Menschen, die mit mir auf einer Reise sind? Wer wird mich tragen, wenn ich falle, wer hat das Recht, mich aus meiner Höhle herauszuholen, wenn ich mich verkrochen habe?

03

HARTER TAG

Text & Musik: Martin Denzin, Mitch Schlüter, Daniel Harter

Die Schwalben fliegen viel zu tief,
der Wind dreht auf, es riecht nach Sturm.
Der Rückenwind kommt heute
ausnahmsweise ausnahmslos von vorn.
Ein Schreckgespenst hat mich erschreckt
und zeigt mir sein Gesicht.
Ein harter Tag – kein Land in Sicht.

Einfach mal aussteigen und übers Wasser gehen.
Wer weiß schon, was sicher ist – wer weiß schon, was trägt?
Endlich mal loslegen, bloß nicht den Mut verlieren.
Weißt du denn, was sicher ist – wohin es dich trägt?

Trübe Augen mustern sich und schauen sich gegenseitig an.
Mittendrin und nicht dabei sind die Chancen schon vertan.
Nichts bewegt sich, keiner wagt,
den nächsten Schritt zuerst zu gehen.
Wer sitzen bleibt, merkt nicht, ob Wasser trägt.

Einfach mal aussteigen und übers Wasser gehen.
Wer weiß schon, was sicher ist – wer weiß schon, was trägt?
Endlich mal loslegen, bloß nicht den Mut verlieren.
Weißt du denn was sicher ist? Was soll schon passieren?

Was soll schon passieren

Neulich war ich mit meiner Frau in einem Hochseilgarten. 165 Kletterelemente in 14 verschiedenen Parcours und eine 235 Meter lange Seilbahn über einen See. Ein bisschen Herzklopfen hatten wir schon, als wir in 23 Metern Höhe über dünne Drahtseile kletterten. Gleichzeitig habe ich mich aber auch fast schon ein bisschen über die Furchtlosigkeit und Leichtigkeit erschrocken, mit der wir in diesen Höhen über die Bäume kletterten. Der Grund für diese Unerschrockenheit lag in dem Klettergurt, der uns mit zwei dicken Karabinern sicherte. Irgendwie wird man mutiger, wenn man weiß, dass es ein Netz, eine Absicherung, einen doppelten Boden gibt.

Keine Höhenangst

Das Gleiche Phänomen beobachte ich in meinem Leben. Ich verliere die Höhenangst in meinem Leben, wenn ich mir den Zusagen der Bibel bewusst bin. In Josua 1,5 verspricht uns Gott: *„Ich lasse dich nicht fallen"*. Beim Drahtseilakt, den man das Leben nennt, kann mein Puls unten bleiben, weil ich weiß: Ich werde gehalten, wenn ich falle. Ich bin schneller bereit, auch mal loszulassen und verkrafte Fehltritte in meinem Leben besser, weil ich weiß: Ich bin gesichert. Er lässt mich nicht fallen.

Harter Tag

Das ist für mich auch der Kerngedanke in „Harter Tag" und der Geschichte von Petrus, der in Matthäus 14,22–33 über das Wasser geht. Es ist eine meiner Lieblingsgeschichten in der Bibel, denn ich kann mich so gut mit Petrus identifizieren. Wer will schon mitten in einem Sturm aus dem sicheren Boot steigen? Er selbst war ein erfahrener Fischer. Er kannte den See. Er wusste wie gefährlich diese Stürme waren. Und trotzdem wagt er es und ist (nach Jesus) der erste Mensch, der über Wasser geht.

Schreckgespenst

Wie hat er das gemacht? Was hat ihm den Mut dazu gegeben? Ich kann mir gut vorstellen, dass Petrus genauso tickt, wie alle anderen Menschen auch und dass sich in diesem Moment in seinem Kopf ein Dialog abgespielt hat. Die eine Stimme in seinem Kopf sagte ihm: „Das ist verrückt! Das ist gefährlich! Kein Mensch kann über Wasser gehen! Bleib hier im Boot bei den anderen!" Gleichzeitig hört Petrus aber auch die Stimme Jesu, die sagt: „Komm her zu mir!" und diese Stimme verändert für ihn alles.

Eben noch war es ein Schreckgespenst, vor dem er sich erschreckt hatte, aber als er die Stimme Jesu hörte, blieb nur noch ein Gedanke: „Was soll schon passieren?“

Welcher Stimme glaubst du?

Wie jeder Mensch kann Petrus sich entscheiden: Welcher Stimme will ich glauben? Der Stimme, die sagt, das sei rational nicht möglich oder der Stimme, die sagt: „Wage das Übernatürliche“. Je nachdem welcher Stimme wir glauben, wird sich unser Lebensweg drastisch ändern. Wir werden entweder ängstlich im Boot sitzen blieben und zusehen, wie andere großartige Dinge erleben, oder wir werden mutig und unerschrocken durchs Leben gehen, weil wir wissen: Wir sind mit einem doppelten Karabiner gesichert. Deshalb rät uns Salomo auch in Sprüche 4,23: *„Mehr als auf alles andere achte auf deine Gedanken, denn sie entscheiden über dein Leben.“*

Die Hosen voll

Petrus glaubte der Stimme Jesu und stieg mutig aus dem Boot aus. Was er als nächstes erleben wird, bestätigt nur das, was er sowieso schon wusste und was ihm den Mut gab, auszusteigen. Er war sich dessen bewusst, dass derjenige, der ihn hier zu etwas Übernatürlichem herausfordert, ihn auch jeder Zeit retten kann, wenn etwas schiefgehen sollte. Und tatsächlich: Auch Petrus ist nur ein Mensch und hat die Hosen voll als er dann über gigantische Wellen auf Jesus zugeht: *„Als er dann aber die hohen Wellen sah, bekam er Angst. Er begann zu sinken und schrie: ‚Hilf mir, Herr!‘ Sofort streckte Jesus seine Hand aus ...“* Matthäus 14,30
Was soll schon passieren? Selbst wenn ich im Sturm untergehe, so weiß ich: Jesus zögert keine Sekunde um mich zu retten. Er wird mich rausziehen und zurück ins sichere Boot bringen, wenn ich bei einem Abenteuer mit ihm den Mut verloren habe oder Ängste mich überwältigt haben. Es hat mal jemand gesagt: “Ich will lieber Großes für Gott tun und daran scheitern, als nichts zu tun und es zu schaffen.“ Das Leben ist zu kurz um im sicheren Boot sitzen zu bleiben. Ich will lieber öfter mal im Sturm

untergehen und mich von Jesus retten lassen, als mit trockenen Füßen im Boot sitzen zu bleiben. Wie auch damals ruft Jesus heute Menschen aus ihrem Boot, aus ihrer sicheren Komfortzone, heraus. Seine Augen durchstreifen die Erde auf der Suche nach Menschen, die ihm rückhaltlos vertrauen und im Glauben aufs Wasser gehen: *„Der Herr steht allen bei, die allein ihm vertrauen. Auf der ganzen Welt sucht er nach solchen Menschen."* 2. Chronik 16,9

Der große Test

Wenn ich einen Schritt zurück gehe und mir die Geschichte mit Petrus auf dem Wasser mit etwas Abstand anschaue, dann stelle ich fest, dass am Ende die ganze Geschichte ein großer Vertrauenstest ist. Jesus schickt seine Jünger über den See voraus, während er noch auf einen Berg steigt, um zu beten (Vers 22–24). Obwohl Jesus wusste, dass dort draußen ein Sturm auf die Jünger wartete, wies er sie an, loszufahren. Ein schönes Beispiel dafür, dass wir nicht vor Schwierigkeiten im Leben verschont bleiben. Auch dann nicht, wenn wir gehorsam sind und genau das tun, worum Jesus uns bittet und ins Boot steigen und losfahren. Jesus sieht auch, dass seine Jünger zu kämpfen haben und trotz allem wartet er bis 3 Uhr morgens, um ihnen zu Hilfe zu kommen. Und das Allerverrückteste finde ich den kleinen Satz in Markus 6,47–48. *„Bei Einbruch der Dunkelheit war Jesus allein an Land und das Boot mitten auf dem See. Jesus sah, dass seine Jünger beim Rudern nur mühsam vorwärts kamen, weil sie gegen den Wind ankämpfen mussten. Deshalb kam er im letzten Viertel der Nacht zu ihnen. Er ging über das Wasser und wollte an ihnen vorübergehen."*

Ein göttlicher Besuch

Wie? Er wollte an ihnen vorübergehen? Er wollte gar nicht helfen? Wie ist das denn zu verstehen? Wenn man sich das griechische Verb „parerchomai" anschaut, das hier für „vorbeigehen, vorüberziehen" gebraucht wird, dann stellt man fest, dass es ein ähnliches Konzept beinhaltet, wie die beiden Stellen im Alten

Testament, als Gott an Mose oder Elia vorüberzieht (2. Mose 33,22, 1. Könige 19,11). Dort stellt Gott die beiden Männer jeweils in eine Felsspalte und zieht dann in seiner Herrlichkeit an ihnen vorüber. Auch hier auf dem See möchte Gott sich in seiner ganzen Kraft und Herrlichkeit den Jüngern sichtbar machen, indem er an ihnen „vorüberzieht". Aber nur einer in der Mannschaft erkannte die Gegenwart Gottes und rief: *„Herr, wenn du es bist, dann befiehl mir, auf dem Wasser zu dir zu kommen!"* Matthäus 14,28

Sind die Chancen schon vertan?

In der zweiten Strophe von „Harter Tag" versuche ich, mir die Stimmung im Boot vorzustellen: „Trübe Augen mustern sich und schauen sich gegenseitig an. Mittendrin und nicht dabei – sind die Chancen schon vertan?
Nichts bewegt sich, keiner wagt den nächsten Schritt zuerst zu gehen. Wer sitzen bleibt, merkt nicht ob Wasser trägt." Ich frage mich: Was ging wohl in den Köpfen der anderen elf Jünger vor? Sie haben das Gleiche erlebt, das selbe „Schreckgespenst" gesehen, aber reagieren ganz anders. Eine Chance tut sich auf, aber keiner von ihnen ergreift sie. Sie merken erst ganz am Ende der Geschichte, wer dieser Jesus ist und dass auch für sie ein Wunder möglich gewesen wäre: *„Dann stiegen beide ins Boot, und der Wind legte sich. Die Jünger im Boot warfen sich vor Jesus nieder und riefen: ‚Du bist wirklich Gottes Sohn!'"* Matthäus 14,32–33

Zum Weiterlesen

„Es ist nicht der Kritiker, der zählt; nicht derjenige, der mit dem Finger auf den stolpernden Starken zeigt oder auf die Augenblicke, in denen der Tatkräftige es noch besser hätte machen können. Die Ehre gehört dem Menschen, der tatsächlich in der Arena steht [...], der im besten Fall am Ende den Triumph einer großen Errungenschaft kennenlernt und der im schlechtesten Fall zumindest bei dem Versuch versagt, Großes zu tun. Dieser Ort wird nie den kalten, engen Seelen gehören, die weder Sieg noch Verlust kennen." Theodore Roosevelt

Zum Weiterdenken

Wann in deinem Leben bist du bisher am meisten gewachsen? Bei Sonnenschein oder in stürmischen Zeiten? Was sagt Jakobus 1,2–3 wozu Stürme und schwere Zeiten in unserem Leben gut sind?

04

SO GUT, DASS DU DA BIST

Text & Musik: Daniel Harter, Tobias Hundt

In Gedanken verrannt, quäle ich mich durch die Nacht.
Ein Blick aus leeren Augen, schweißgebadet aufgewacht,
mit meinen Geistern gekämpft, von meinen Schatten geschlagen,
die Kontrolle verloren, auf meinem Schlachtfeld der Fragen.

Doch am Ende meiner Kräfte
bleibt mir nichts mehr, als zu warten.
Ist mir kalt, mir fehlt die Luft,
hör ich deinen leisen Atem.
Ich hör deinen leisen Atem.

Es ist so gut, dass du da bist.
Es tut so gut, dass du da bist.
Ziehst mich zu dir, hältst mich fest
bis mich meine Angst verlässt.
Es tut so gut, dass du da bist.

Viel zu oft schon gefallen, denn nichts hält, was es verspricht.
Setz kein Fuß vor den anderen, bevor das Eis um mich zerbricht.
Doch mit dir lern ich laufen, mit dir kommt der Mut zurück.
Mit dir sind meine schwersten Nächte wie ein kurzer Augenblick.

Wenn meine Kräfte schwinden,
die Dunkelheit hereinbricht;
alles wird gut,
weil mich deine Hände finden
und du leise auf mich einsprichst:
„Alles ist gut".

Vor einiger Zeit war ich mit den Pastoren unserer Kirche auf einer großen Konferenz in Stuttgart. Weil wir den ersten Abend noch frei hatten, beschlossen wir, einem der größten Rummelplätze Deutschlands einen Besuch abzustatten: den Cannstatter Wasen. Meine Kollegen hatten die brillante Idee, auf eine Riesenschaukel zu gehen, die dich nicht nur 45 Meter in die Höhe schleudert, sondern sich auch noch in sich und kopfüber dreht. Schon bevor wir einstiegen, war mir schlecht vor Angst. Aber der Gruppenzwang kombiniert mit meiner Angst, etwas zu verpassen, ließen mir keine andere Wahl.

Gesunde Angst

In diesem Fall war es eine gesunde Angst, die mir den Abend hätte retten können, wenn ich auf sie gehört hätte. Noch am nächsten Morgen war mir schlecht und nur der Gedanke an diese Fahrt, lässt meine Handflächen feucht werden.
Manchmal ist Angst ein guter Ratgeber und hilft uns dabei, gute Entscheidungen zu treffen und uns vor Dummheiten wie dieser zu bewahren. Aber in vielen anderen Fällen merke ich, dass Angst eher ein schlechter Begleiter in meinem Leben ist. Es ist die Angst, die mich oft daran hindert, mutig zu sein und Schritte zu wagen. George Addair
hat einmal gesagt: „Everything you want is on the other side of fear“ (alles was du dir wünschst, ist auf der anderen Seite der Angst). Oftmals müssen wir sozusagen durch die Angst hindurchgehen, um zu dem zu gelangen, wovon wir träumen. Das Ziel, auf das wir zugehen, liegt hinter dem Berg der Angst. Nur wenn wir anfangen, uns selbst zu durchschauen und die Angst zu lokalisieren und beim Namen zu nennen – nur dann gelingt es uns, sie zu überwinden.

Jeder hat Ängste

Als ich mit meinem Freund Tobias Hundt diesen Song geschrieben habe, haben wir uns beide gerade sehr mit dem Thema Angst beschäftigt und damit, wie ich meine Ängste loswerde. Denn jeder von uns kennt die Angst, die uns lähmt und betäubt. Das weiß jeder, der schon mal vor einer Mathearbeit saß, versucht hat einen Liebesbrief zu schreiben, auf den Zehn-Meter-Turm geklettert ist, vom Hund gebissen wurde, zum Zahnarzt musste oder eine Mofa-Führerscheinprüfung hatte. Die zentrale Frage ist also: Wie kann ich meine Ängste überwinden, um zu dem zu gelangen, was auf der anderen Seite meiner Ängste auf mich wartet.

Uns wurde beim Schreiben des Songs eine ganz simple Wahrheit neu bewusst: Wenn ein Kind Angst hat – was macht es dann? Es läuft zu Papa oder Mama. Die Angst verschwindet, sobald das Kind auf dem Arm ist und merkt: Ich bin nicht alleine. Genau dasselbe erlebe ich immer wieder mit Gott: Sobald ich mir dessen bewusst bin, dass Gott mit mir ist, verschwindet meine Angst und ich werde mutiger (2. Timotheus 1,7).

Manche Menschen sagen, der Glaube an Gott wäre nur ein Krückstock für die Schwachen, die in dieser Welt sonst nicht klarkommen. Ich glaube, genau das Gegenteil ist der Fall: Der Glaube an Gott befähigt mich, über alle meine Ängste hinauszuwachsen, Rückschläge wegzustecken und mutig die Riesen in meinem Leben zu bekämpfen. Die Tatsache, dass ich weiß, dass Gott an meiner Seite ist, macht mich unglaublich stark.

Von einem Teenager lernen

Wie ich ganz konkret Ängste in meinem Leben besiegen kann, habe ich von einem Teenager aus dem Alten Testament gelernt. Sein Name ist David und zu dem Zeitpunkt zu dem unsere Geschichte spielt, war er irgendwo zwischen 17 und 30 Jahre alt. Er war der kleinste von acht Jungs und war schon immer nicht so richtig ernst genommen worden. Er kam aus einer kleinen Sippe und eigentlich war wenig von ihm zu erwarten. Man hatte ihn zwar als Teenager zum König gesalbt, aber irgendwie hatte das keiner so richtig registriert und so war er erst einmal zu Hause beim Schafe hüten geblieben.

David war also noch jung, aber er hatte auch schon so einiges erreicht. Er hatte bei Deutschland sucht den Superstar das Harfenspiel-Finale gewonnen und war so zu einer Anstellung als

Musiker am königlichen Hof gekommen. Außerdem hatte er mit Gott schon ein paar Erfahrung gesammelt, als er zum Beispiel einen Löwen oder sogar einen Bären umbringen musste, als diese seine Schafherde angegriffen. Ein Typ also, der schon als Teenager ziemlich furchtlos war.
Und eines Tages kommt David in die Situation, dass er einem Riesen gegenübersteht. David und Goliat ist wohl eine der bekanntesten Geschichten der Bibel und ich glaube, wir können diese Geschichte direkt übertragen auf unseren Kampf gegen unsere Ängste. Denn diese sind oftmals genauso bedrohlich und angsteinflößend, wie dieser Riese hier gegen den der kleine David kämpft. Es stellt sich mir die Frage: Wie hat David es geschafft? Wie können wir gegen die Riesen in unserem Leben antreten?

Die Riesen in unserem Leben

In 1. Samuel 17,1–11 beginnt die Geschichte mit zwei verfeindeten Heeren, die sich im Krieg gegenüberstehen: Die Philister und das Volk Israel. Man entschied sich, den Kampf zwischen den zwei Großmächten auf einen Zweikampf herunterzubrechen: Jedes Volk sollte seinen besten Krieger stellen. Das Volk, dessen Krieger den Kampf überlebt, wird die neue Besetztermacht.
Und David macht kurz Urlaub vom Schafe hüten und soll seinen Brüdern Lunchpakete bringen. Als er ans Schlachtfeld kommt, steht auf der anderen Seite der Kämpfer schon fest. Goliat. Ein Riese. Drei Meter groß. Bis an die Zähne gut bewaffnet und von klein auf im Zweikampf ausgebildet. Seit 40 Tagen hatte er seine Gegner verspottet und eingeschüchtert. Und als David sich entschließt, den Kampf anzutreten, wird er nicht nur von Goliat ausgelacht (1.Samuel 17,9–10), sondern auch von seinem eigenen Bruder fertiggemacht (1. Samuel 17,28).

Das richtige Gottesbild

Was war Davids Geheimnis? Wie konnte er trotz des vielen Gegenwindes so mutig seine Ängste besiegen? David wusste etwas, das theoretisch alle anderen Israeliten auch wussten: Gott ist auf meiner Seite. Aber nur dieses Wissen allein ändert nichts. Wir müssen es anwenden und gegen die Riesen in unserem Leben

ankämpfen. Mit Sicherheit hatte David auch ein bisschen die Hosen voll, aber er ging mutig im Glauben voran ohne zu wissen, wie es ausgehen würde. Genau das ist die Natur von Glauben. Es sind Schritte ins Ungewisse. Antreten gegen unsere Ängste, gegen unsere Riesen in dem Vertrauen, dass ein allmächtiger Gott hinter uns steht.
David spricht im Glauben kraftvolle Worte aus (1.Samuel 17,46) und lässt seinen Feind wissen, was er glaubt und wie er die Dinge sieht. Wenn wir uns dessen bewusst sind, dass wir auf der Siegerseite stehen und schon wissen, wie die Geschichte enden wird, dann können wir im Glauben mutig vorangehen. Der Kampf ist bereits gewonnen. Der Kampf zwischen Gut und Böse ist nicht so, dass beide Seiten gleich stark sind und man bangen müsste, wer gewinnt. Nein, die Bibel sagt: Gott hat schon alle Ängste überwunden, er hat schon den Tod besiegt (1.Korinther 15,55).

Gewinnerseite

Der erste Schlüssel, um deine Ängste zu besiegen, ist dein Gottesbild. Wie groß ist der Gott, an den du glaubst? Glaubst du, dass es ihm möglich ist, deine Ängste zu besiegen? Gottes Spielraum in deinem Leben ist immer noch so groß wie die Kiste, in die du ihn packst. Was er in deinem Leben tun kann, hängt von deinen Erwartungen an ihn ab. Mach deine Rechnung mit Gott. Nicht mit deinen eigenen Kräften. Sieh in den Angriffen deiner Ängste eine Gelegenheit, deinen Glauben zu stärken. David war nicht stärker als die anderen. Aber er hatte ein anderes Gottesbild. Für ihn war klar, dass Gott diesen Riesen – seine Ängste – besiegen würde!

Angriff ist die beste Waffe

Das Zweite, das ich von David in Punkto Angstbewältigung lernen kann, ist die Tatsache, dass er nicht ängstlich darauf gewartet hat, dass der Feind zuschlägt, sondern, dass er auf seinen Riesen zugestürmt ist (1. Samuel 17,48–50). Angriff ist die beste Waffe. Warte nicht, bis deine Ängste dich fertigmachen, sondern zieh gegen sie in den Kampf. Angst hat nur so lange Macht über mich wie ich ihr diese gebe.

Löwengebrüll

Die Bibel sagt uns, dass der Teufel wie ein Löwe ist, der um uns herumschleicht und laut brüllt – oftmals in Form von Ängsten, die auf uns einprasseln. Paulus schreibt das in 1. Petrus 5,8–9 so: *„Euer Feind, der Teufel, schleicht um die Herde wie ein hungriger Löwe. Er wartet nur darauf, dass er jemand von euch verschlingen kann. Leistet ihm Widerstand und haltet unbeirrt am Glauben fest.“* Normalerweise würde man ja denken: Wenn ein Löwe brüllt, dann sollte man so schnell wie möglich davonlaufen. Ich weiß noch, wie ich als Neunzehnjähriger einmal in einem Nationalpark in Amerika unbedingt einen echten Bären in freier Wildbahn sehen wollte. Aber als wir durch den Wald marschierten und wir durch das Tal das laute Brüllen eines Bären hörten, liefen wir so schnell es ging zum Auto zurück. Normalerweise wäre die natürliche Reaktion, bei Löwengebrüll wegzulaufen. Wenn die Ängste uns anbrüllen, Goliat sich großmacht – dann laufen viele weg. Aber Paulus sagt: Nicht weglaufen. Widerstehen. Angreifen. *„Leistet ihm Widerstand und haltet unbeirrt am Glauben fest.“* 1. Petrus 5,9

Dem Feind nicht zu nah kommen

Aus manchen Bibelkommentaren ist zu lesen, dass Goliat wahrscheinlich kurzsichtig war oder durch seine Größe manche Dinge nicht so schnell sehen konnte, weshalb er immer extra einen Mann vor sich hatte, der seinen Schild trug. David hätte gegen Goliat also wahrscheinlich tatsächlich keine Chance gehabt, wenn er ihm zu nahe gekommen wäre. David konnte ihn nur aus der Ferne besiegen. Und ich merke: Auch hier findet sich eine Strategie, wie wir Riesen und Ängste in unserem Leben besiegen können. Lass dich nicht auf Spielchen mit deinem Feind, mit deinen Ängsten, ein. Kämpfe nicht nach seinen Bedingungen, sondern nach deinen! Halte Abstand zu deinem Feind, zu den Versuchungen. Spiele nicht mit dem Feuer. Teste nicht die Grenzen aus. Komm dem Feind am besten gar nicht erst zu nahe. Aber wichtig ist, dass du kämpfst. Wichtig ist, dass du die Angst in ihre Schranken weist. Wirf deinem Riesen die Wahrheit an den

Kopf. Rüste dich mit den Verheißungen Gottes aus und greif an. Am Ende ist immer die Frage: Wer hat eigentlich wen im Griff? Haben deine Ängste dich im Griff oder hast du deine Ängste im Griff?

Schlag der Angst den Kopf ab

Im Kindergottesdienst war die Geschichte an dieser Stelle immer zu Ende (und ihr werdet gleich verstehen, warum). Aber tatsächlich folgen noch ein paar Verse die nicht so bekannt sind: *„Da er (David) kein eigenes Schwert hatte, lief er schnell zu dem Riesen, zog dessen Schwert aus der Scheide und schlug ihm den Kopf ab. Als die Philister sahen, dass ihr stärkster Mann tot war, ergriffen sie die Flucht. Den Kopf Goliats brachte David später nach Jerusalem, die Waffen des Riesen legte er in das heilige Zelt.“* (51+54)

Keine halben Sachen

Hier steckt ganz viel Symbolik drin. Gebe dich nicht zufrieden damit, dass du deinen Ängsten einen Schrecken eingejagt hast und nun ein kleines bisschen weniger Angst hast. Erledige deine Ängste komplett! Es ist nicht genug, dass du einmal deinen Riesen mit deiner Schleuder getroffen hast. Ich kenne viele Christen, die ihren Kampf gegen ihre Ängste und gegen ihre Riesen genau hier aufhören. Sie haben hier und da mal einen Treffer gelandet und ihren Riesen in die Knie gezwungen. Aber David geht noch einen Schritt weiter: Er schlägt seinem Riesen mit den eigenen Waffen den Kopf ab. Stell sicher, dass der Riese tot ist. Geh den ganzen Weg!
Die Bibel spricht von einem lebenslangen Prozess der „Heiligung“. Da geht es nicht nur darum aus der Ferne Steine auf unsere Riesen zu werfen und sie einzuschüchtern oder ein bisschen weniger Angst zu haben. Es geht darum, unseren Feinden, unseren Süchten, Versuchungen und Ängsten den Kopf abzuschlagen – die Wurzel anzupacken. Erobere das Gebiet zurück, das der Feind dir geklaut hat.

Wer bin ich?

Ich frage mich immer, wenn ich solche Geschichten in der Bibel lese: Wo finde ich mich wieder? Bin ich einer der Israeliten, der sich den Spott des Feindes angehört hat und eingeschüchtert ist? Bin ich wie David? Und wenn ja – wo befinde ich mich gerade auf dem Weg? Beim Anprobieren der Rüstung, sammeln der Steine oder beim Kopf abschlagen und dem verfolgen der Feinde? Was heißt diese Geschichte konkret für mich? Was sind die Waffen, mit denen ich gegen meine Ängste kämpfen muss?

Liebe ist stärker

Eine Waffe, die ich in der Bibel entdeckt habe, um Ängste zu besiegen, findet sich in 1. Johannes 4,18: *„Die Liebe kennt keine Angst. Wahre Liebe vertreibt die Angst.“* Die Liebe Gottes vertreibt die Angst in meinem Leben. Je mehr wir wissen und glauben, dass Gott es gut mit uns meint, dass er uns liebt und dass er uns beschützt und über uns wacht, umso mehr vertreibt diese Liebe Gottes die Ängste in uns. Das ist der Schlüssel zu einem angstfreien Leben.

Gott lässt keinen Zweifel daran, dass er in seiner Liebe uns beschützen wird. Es gibt keinen Grund Angst zu haben: *„Gott hat seinen Engeln befohlen, dich zu beschützen, wohin du auch gehst. Sie werden dich auf Händen tragen, damit du nicht über Steine stolperst. Löwen und Schlangen können dir nicht schaden, du wirst sie alle niedertreten. Gott selber sagt: Er hängt an mir mit ganzer Liebe, darum werde ich ihn bewahren. Weil er mich kennt und ehrt, werde ich ihn in Sicherheit bringen. Wenn er mich ruft, dann antworte ich. Wenn er in Not ist, bin ich bei ihm; ich hole ihn heraus und bringe ihn zu Ehren. Ich gebe ihm ein langes, erfülltes Leben; er wird die Hilfe erfahren, auf die er wartet.“* Psalm 91, 11–12

Geborgen

In „So gut, dass du da bist“ beschreibe ich das Bild von einem Kind, das Angst hat, aber auf dem Schoß des Vaters zur Ruhe kommt. Es weiß: Hier bin ich sicher. Die Bibel verwendet genau das gleiche Bild. Wir dürfen uns als Kinder Gottes zu ihm flüchten und bei ihm Schutz suchen. Dann werden wir wie David sagen können: *„Still und ruhig ist mein Herz, so wie ein sattes Kind im Arm der Mutter – still wie ein solches Kind bin ich geworden."* Psalm 131,2

Mut

Eins habe ich gemerkt: Die Angst kommt von ganz alleine. Mut dagegen nicht. Für Mut muss ich kämpfen und mich entscheiden. Mir haben dabei ein paar Fragen geholfen, die Angst zunächst in meinem Leben zu lokalisieren und sie dann mit Mut zu bekämpfen. Folgende Fragen können dir dabei helfen: Vor was habe ich eigentlich genau Angst (versuche es möglichst bis zur Wurzel zu verfolgen)? Was ist das Schlimmste, was passieren könnte? Was würde passieren, wenn ich die Angst überwinden würde?

Zum Weiterlesen

Bei aller Selbstreflexion merke ich aber immer wieder: Ich brauche jemand von außen, der mir Mut zuspricht. Reine Selbst-Motivation reicht nicht aus, um mich manchen Ängsten zu stellen. Mut-Macher Nummer eins ist für mich die Bibel und die Liebe, die Gott für mich hat. Deshalb hier ein paar Verse die du dir ausschneiden und aufhängen kannst, wenn du dir Mut anlesen musst:

„Alle eure Sorgen werft auf ihn, denn er sorgt für euch."
1. Petrus 5,7

„Ich sage dir noch einmal: Sei mutig und entschlossen! Hab keine Angst und lass dich durch nichts erschrecken; denn ich, der Herr, dein Gott, bin bei dir, wohin du auch gehst!" Josua 1,9

„Zum Abschied gebe ich euch den Frieden, meinen Frieden, nicht den Frieden, den die Welt gibt. Erschreckt nicht, habt keine Angst!"
Johannes 14,27

„Ruft den verzagten Herzen zu: Fasst wieder Mut! Habt keine Angst! Dort kommt euer Gott! Er selber kommt, er will euch befreien .“ Jesaja 35,4

„Der Herr ist mein Licht, er befreit mich und hilft mir; darum habe ich keine Angst. Bei ihm bin ich sicher wie in einer Burg; darum zittere ich vor niemand.“ Psalm 27,1

„Ich wandte mich an den Herrn und er antwortete mir; er befreite mich von allen meinen Ängsten.“ Psalm 34,5

„Fürchte dich nicht, ich stehe dir bei! Hab keine Angst, ich bin dein Gott! Ich mache dich stark, ich helfe dir, ich schütze dich mit meiner siegreichen Hand!“ Jesaja 41,10

Zum Weiterdenken

Mut hin oder her: Am Ende würde ich aber trotzdem nie wieder auf einem Rummelplatz in solch eine Achterbahn einsteigen. Das war schlichtweg dumm und jede Angst war berechtigt. Was könnte die gute Seite deiner Ängste sein? Wovor können sie dich vielleicht auch beschützen?

05

DU UND ICH

Text & Musik: Daniel Harter, Tobias Hundt

Schon lang, bevor ich wusste, wer du bist,
war da ein Gefühl, dass da jemand ist.
Hab dich gesucht, doch du hast mich gefunden,
mein' Namen tätowiert und mich an dich gebunden.

Hab viel zu oft schon alles hinterfragt,
nur um zu verstehen, du warst immer da.

Du und ich, wir sind eins,
nichts kann uns jemals entzweien.
Ich bin dein, du bist mein
und auch wenn's nicht so scheint.
Du und ich, wir sind eins,
wer soll uns jemals entzweien?
Ich seh' zurück und weiß, ich war niemals allein.
Nein, nein – ich weiß, ich werd' es nie mehr sein.

Millionen Meilen zusammen unterwegs,
kaum zu glauben, dass du jeden Umweg mit mir gehst.
Mein Sextant, mein Kompass tief in mir.
Auch wenn ich mich verlauf, ich kann nicht fliehen vor dir.

Egal, was kommt
und egal, was geht,
ich weiß genau:
eins kann mir keiner nehm'n.
Egal, was kommt
und egal, was geht,
ich weiß genau,
wer am Ende zu mir steht.

Vor einigen Jahren durfte ich mit einer tollen Band für vier Wochen nach Indien reisen, um dort einen missionarischen Einsatz zu machen. Wir haben kleine Konzerte gespielt, Lobpreis geleitet, gepredigt und Kinderheime besucht. Eine wirklich besondere Zeit. Eine kleine Nebensache, die uns in Indien besonders aufgefallen ist: Inder lieben Stempel! Gerade an den Flughäfen gab es gefühlt an jeder Türe einen Stempel, den man an der nächsten Türe dann wieder vorzeigen musste. Auf jedem Gepäckstück, auf jedem Dokument und an jedem Gitarrenkoffer: Überall musste ein Stempel drauf sein.

Stempel werden vielfach verwendet, um Dokumenten Echtheit zu besiegeln, um Einträge in Reisepässe zu machen, Geburtsurkunden zu bestätigen, das Haltbarkeitsdatum aufzudrucken oder dem Produkt ein entsprechendes Gütesiegel zu verleihen. Ein Stempel verleiht Gültigkeit und öffnet oder schließt einem Türen.

Abgestempelt

Schon im Alten Testament wurden Stempel, sogenannte Siegel, verwendet. Ein Siegel wurde meistens aus harten Halbedelsteinen gefertigt und diente dazu, Eigentumsverhältnisse festzuhalten oder eine Echtheit zu bestätigen. Aus einem Stein gravierte ein Steinschneider Muster, Bildszenen oder Schriftzeichen und dieses Siegel diente dann als Unterschrift für Bücher, Briefe, Prophezeiungen und Kaufverträge. Auch auf Tonkrüge und andere Gegenstände wurde solch ein Siegel aufgedrückt, um klarzustellen, wem es gehörte. Selbst Tieren und Sklaven wurde dieses Siegel eingebrannt, um die Zugehörigkeit zu einem Haushalt zu verdeutlichen. Könige trugen ihre Siegel oft als große Ringe am Finger oder in Form einer Halskette als Schmuck, denn diese Siegel verliehen ihnen Macht.

Meinen Namen tätowiert

Im Neuen Testament benutzt Paulus dieses Bild vom Siegel, um etwas zu erklären, das mich schon lange beschäftigt und warum der Song „Du und ich“ überhaupt entstanden ist. Im

2. Korinther 1,22 schreibt Paulus: *„Er (Gott) hat uns gesalbt und uns sein Siegel aufgedrückt. Er hat seinen Geist in unser Herz gegeben als Anzahlung auf das ewige Leben, das er uns schenken will."*
Ich liebe dieses Bild: Gott, der mächtigste König überhaupt, hat mir sein „Siegel aufgedrückt". Ich trage seinen Stempel, dass ich gewollt und geliebt bin und dass ich zu seinem Haushalt gehöre. Er macht mich zu seinem „Eigentum" und ich darf zu ihm gehören. Und genau wie solch ein Siegel damals, ist das unverrückbar. Gott geht sogar so weit, dass er sagt, dass er meinen Namen in seine Hand eintätowiert hat: *„Ich habe dich unauslöschlich in meine Hände eingezeichnet"* (Jesaja 49,16). Daraus ist die Textzeile entstanden: „Mein' Namen tätowiert und mich an dich gebunden." Ich trage Gottes Siegel, das mich als sein Kind ausweist und bestätigt. Gott hat mich an sich gebunden. Das kann keiner mehr rückgängig machen und löscht alle Zweifel aus. Ich treffe so viele Menschen, die immer wieder mit Zweifeln zu kämpfen haben, ob sie immer noch ein Kind Gottes sind. Aber Gottes Zusagen sind klar:
„Ich bin ganz sicher, dass nichts uns von seiner Liebe trennen kann: weder Tod noch Leben, weder Engel noch Dämonen noch andere gottfeindliche Mächte, weder Gegenwärtiges noch Zukünftiges, weder Himmel noch Hölle. Nichts in der ganzen Welt kann uns jemals trennen von der Liebe Gottes, die uns verbürgt ist in Jesus Christus, unserem Herrn." Römer 8, 38–39

Gesucht und gefunden

Deshalb die Textzeilen in der Bridge, die das unterstreichen:
„Egal, was kommt und egal, was geht – ich weiß genau, eins kann mir keiner nehm'n.
Egal, was kommt und egal, was geht – ich weiß genau, wer am Ende zu mir steht."
Dass Gott meinen Namen in sein Buch geschrieben hat (Lukas 10,20), dass ich sein Kind bin – das kann mir keiner mehr nehmen. Das ist eine feste Zusage Gottes und sein „Siegel", sein Stempel auf meinem Leben, ist der Beweis dafür. „Hab' dich

gesucht, doch du hast mich gefunden“ singe ich in „Du und ich“, weil ich genau das erlebt habe: Gott hat mich gefunden. Er hat mich zu seinem Kind gemacht: *„Aus Liebe hat er uns dazu bestimmt, seine Söhne und Töchter zu werden.“* Epheser 1,5

Sein Fingerabdruck

Ein Siegel hat aber eine weitere faszinierende Eigenschaft: Oftmals wurde das Siegel in Wachs hineingestempelt oder auf einer Oberfläche eingedrückt und hat dabei einen exakten Abdruck des Siegels hinterlassen. Wenn wir in 2. Korinther 1,22 lesen, dass Gott uns sein Siegel aufgedrückt hat, dann bedeutet das: Wir tragen nun seinen Abdruck. Wir tragen seine Handschrift, seine Ebenbildlichkeit: *„Wir alle ... spiegeln seine Herrlichkeit wider. Der Herr verändert uns durch seinen Geist, damit wir ihm immer ähnlicher werden und immer mehr Anteil an seiner Herrlichkeit bekommen“* 2. Korinther 3,18. Das Schöne an diesem Bild ist: Hier passiert nichts, was ich tun oder leisten könnte. Wir werden verändert. Ganz automatisch. Durch den spiegelbildlichen Abdruck, den Gottes Siegel auf unserem Leben hinterlässt. Wir werden ihm immer ähnlicher.

Zwei Seiten der gleichen Medaille

Es gab in der Antike noch eine weitere Art von Stempel. Es war das sogenannte Doppelsiegel. Ein Griff, der auf beiden Seiten ein Siegel hatte, die untrennbar zusammengehörten. Wie eine Medaille mit zwei Seiten, so war das Doppelsiegel immer nur mit beiden Seiten komplett. In 2. Timotheus 2,19 spricht Paulus genau von solch einem Doppelsiegel. Auf jeder Seite steht eine Wahrheit, die zur anderen Seite dazugehört: *„Aber das sichere Fundament, das Gott gelegt hat, ist unverrückbar. Es trägt den Abdruck von Gottes Siegel, auf dem zu lesen ist: ‚Der Herr kennt die, die zu ihm gehören.‘* Und: *„Wer sich zum Namen des Herrn bekennt, muss aufhören, Unrecht zu tun.“* (2. Timotheus 2,19). Dieses Doppelsiegel macht deutlich: Wenn wir Gottes Siegel, seinen Abdruck, tragen, dann hat das zur Folge, dass wir *„aufhören müssen, Unrecht zu tun.“* Ja, Gottes Zusagen über meinem Leben stehen

und werden sich nicht mehr ändern, aber sie bringen auch eine Verantwortung meinerseits mit sich – nämlich, dass ich ein entsprechendes Leben führe.
„*Wir lieben, weil Gott uns zuerst geliebt hat.*“ (1.Johannes 4,19). Er hat uns gefunden, er hat uns an sich gebunden. Aus dieser Liebe heraus will ich nun andere lieben.

Zum Weiterlesen

Hosea ist ein krasses Buch im Alten Testament, das von der Liebe Gottes zu seinem Volk spricht. In sehr lebendigen Bildern macht Gott deutlich: Ich stehe zu dir, auch wenn du mir den Rücken kehrst. Wir zwei, wir sind eins.

Zum Weiterdenken

Im Chorus singe ich: „Ich seh’ zurück und weiß, ich war niemals allein“. Bei Glaubenszweifeln hilft mir oft ein Blick zurück.
Wie war es in der Vergangenheit? War Gott treu, hat er zu mir gehalten? Mir hilft es dann, einen Blick in alte Tagebücher zu werfen und zu sehen: Gott war schon immer treu. Und auch wenn es sich vielleicht gerade nicht so anfühlt, ich weiß: Nichts kann uns entzweien.

06

FEUERWERK

Text & Musik: Tobias Hundt und Daniel Harter

Du wolltest irgendetwas sein,
irgendjemand, nur nicht du,
warst dir selbst nicht gut genug.

Du bist so weit vor dir geflohen,
hast dich lang genug versteckt,
doch jetzt hab‘ ich dich entdeckt.

Tausend Farben, tausend Lichter,
funkelnde Augen, helle Gesichter,
Herzen schlagen, die Erde bebt,
alles blitzt und alles lebt.

Ein Feuerwerk brennt durch die Nacht.
Das Flimmern ist in dir entfacht.
Siehst du nicht wie schön du bist?
Dein Feuerwerk zieht durch die Nacht.
Sieh nur, was es mit mir macht.
Wir tanzen durch den Funkenregen.

Vielleicht sind wir nicht perfekt,
aber schön, so wie wir sind,
doch irgendetwas macht uns blind.

Ich kämpfe mit dir gegen die Zweifel
und auch wenn wir versagen,
wir stehen zu unseren Narben.

Als Musiker hat man ein Problem, das alle Menschen haben, das bei Musikern aber härter umkämpft ist: der Selbstwert. Wir präsentieren etwas auf der Bühne und die große Gefahr dabei ist, meinen Selbstwert von der Reaktion der Leute abhängig zu machen. Finden die Leute es gut und jubeln, dann ist alles gut, aber was, wenn nicht?
In den letzten zwei Jahrzehnten habe ich an etlichen Bandwettbewerben teilgenommen und mehr als einmal Feedback von einer Juri bekommen oder wurde über einen Publikumsentscheid bewertet. Da waren viele tolle Momente dabei, aber auch ein paar vernichtende. Ich habe gemerkt: Wenn ich meinen Wert von dem abhängig mache, was Leute über mich denken und sagen oder meinen Selbstwert von einer Leistung auf einer Bühne abhängig mache, dann ist mein Leben eine einzige Achterbahn und mein Wert wird immer von anderen bestimmt.

Mein selbstgemaltes Bild

Wie komme ist zu einem starken Selbstwert und werde zu einer stabilen Persönlichkeit, die selbstsicher ist und weiß, wer sie ist? Eine wichtige Grundlage habe ich vor kurzem entdeckt, als ich bei einer Predigt versuchte, ein von mir selbst gemaltes Bild zu versteigern,
aber aus irgendeinem Grund gab es kein Gebot über 2 Euro. Warum wollte mir keiner für mein schönes Bild mehr Geld bezahlen und warum wird ein Bild von Gauguins bei einer Auktion für 300 Millionen Euro verkauft? Der Unterschied liegt im Schöpfer des Kunstwerkes. Der Künstler verleiht dem Gemälde eine ganz besondere und einzigartige Handschrift und damit einen ganz besonderen Wert: *„Du hast mich geschaffen mit Leib und Geist, mich zusammengefügt im Schoß meiner Mutter. Dafür danke ich dir, es erfüllt mich mit Ehrfurcht. An mir selber erkenne ich: Alle deine Taten sind Wunder! Ich war dir nicht verborgen, als ich im Dunkeln Gestalt annahm, tief unten im Mutterschoß der Erde. Du sahst mich schon fertig, als ich noch ungeformt war. Im Voraus hast du alles aufgeschrieben; jeder meiner Tage war schon vorgezeichnet, noch ehe der erste begann. Wie rätselhaft sind mir*

deine Gedanken, Gott, und wie unermesslich ist ihre Fülle! Sie sind zahlreicher als der Sand am Meer. Nächtelang denke ich über dich nach und komme an kein Ende." Psalm 139, 13–18

Der Preis bestimmt den Wert

Der Wert einer Sache wird also immer durch den Schöpfer bestimmt, aber auch durch das, was jemand bereit ist dafür zu bezahlen. Ebay und Kleinanzeigen sind eine heimliche Leidenschaft von mir. Ich mag es, dort zu stöbern und nach Schnäppchen zu suchen. Und immer wieder finde ich die absurdesten Dinge, die Menschen verkaufen und die für viel Geld versteigert werden. Dabei habe ich eine einfache Regel entdeckt: Eine Sache ist immer so viel wert, wie jemand bereit ist, dafür zu bezahlen. Ich habe schon gebrauchte Sommerreifen verkauft, Snowboards, Laptops, Gitarren und afrikanische Schnitzereien. Und der Preis wird immer einzig und allein durch den Höchstbietenden bestimmt.

Mit Blut ersteigert

Dieses gleiche Prinzip gilt auch für meinen persönlichen Wert. Was mich dabei so begeistert: Die Bibel sagt, ich bin unendlich wertvoll, weil jemand bereit war, einen hohen Preis für mein Leben zu bezahlen: *„Denn ihr wisst ja, was es Gott gekostet hat, [...] Er hat euch losgekauft, aber nicht mit vergänglichem Silber oder Gold, sondern mit dem kostbaren Blut von Christus."*
1. Petrus 1,18
Ich bin also wertvoll, egal was andere über mich sagen und denken, denn es gilt immer nur das höchste Gebot. Und das wurde schon abgegeben: Gott hat für dich mit dem Leben seines Sohnes bezahlt. Das ist das Höchstgebot. Und das wurde schon per Vorkasse bezahlt. Ich glaube, nur wenn wir wissen, was wir „wert sind", finden wir wirklichen Selbstwert, Selbstannahme und ein Selbstbewusstsein, das nicht aus uns selbst heraus kommen muss und uns auch nicht von anderen zugesprochen werden muss.

Jesus hat es vorgemacht

Jesus ist auf diese Welt gekommen, um uns zu zeigen wie Gott wirklich ist und hat uns demonstriert, wie man das „Feuerwerk" entfacht, wie wir unsere innere Schönheit entdecken, wie wir trotz unserer nicht-perfekten Art geliebt, angenommen und gewollt sind.
In Markus 1,10–11 wurde Jesus gerade von Johannes dem Täufer getauft und *„als er aus dem Wasser stieg, sah er, wie der Himmel aufriss und der Geist Gottes wie eine Taube auf ihn herabkam. Und eine Stimme aus dem Himmel sagte zu ihm: ‚Du bist mein Sohn, dir gilt meine Liebe, dich habe ich erwählt.'"*
Ich habe mal nachgezählt, wie viele Wunder Jesus zu diesem Zeitpunkt schon vollbracht hatte. Es müssen sicherlich viele gewesen sein, damit sein Vater so lobende Worte findet und seinem Sohn seine Liebe zusichert; Gott war bestimmt mächtig stolz auf seinen Sohn, weil er schon richtig was erreicht hatte auf dieser Erde.
Das Unglaubliche ist: Jesus stand noch ganz am Anfang seiner „Karriere". Er hatte noch kein einziges Wunder vollbracht. Rein menschlich gesehen nichts worauf Gott hätte stolz sein können. Und trotzdem sagt sein Vater: „Dir gilt meine Liebe." Gott liebte seinen Sohn und das, obwohl er noch nichts dafür getan hatte. Der Selbstwert von Jesus beruhte nicht auf dem, was er geleistet hat. Nicht auf seinen Wundern. Nicht auf seinen Predigten. Er ruhte darin, dass er wusste: Mein Vater liebt mich und erwählt mich nicht aufgrund meiner Leistung, sondern aufgrund meines Seins – weil ich sein geliebter Sohn bin.
Aus dem „Sein" kommt das „Tun" und nicht aus dem „Tun" das „Sein". Nicht mein „Tun" macht mich wertvoll, sondern einfach nur die Tatsache, dass ich ein Kind Gottes bin, das er liebt. Das heißt: Ich bleibe geliebt, auch dann, wenn ich mal versage.

Nicht perfekt, aber geliebt

Meine Lieblingszeilen in „Feuerwerk" sind: „Vielleicht sind wir nicht perfekt, aber schön, so wie wir sind, doch irgendetwas macht uns blind." Wenn wir immer darauf warten perfekt zu sein bis wir zu Selbstwert und Selbstannahme gelangen, dann werden

wir nie dorthin kommen: „Wir sind schön, so wie wir sind."
In unserem Zerbruch liegt eine Schönheit verborgen. Paulus beschreibt das in einem wunderschönen Bild: Er sagt: *„Diesen kostbaren Schatz tragen wir in uns, obwohl wir nur zerbrechliche Gefäße sind. So wird jeder erkennen, dass die außerordentliche Kraft, die in uns wirkt, von Gott kommt und nicht von uns selbst. Die Schwierigkeiten bedrängen uns von allen Seiten, und doch werden wir nicht von ihnen überwältigt. Wir sind oft ratlos, aber wir verzweifeln nicht"* 2. Korinther 4,6–8. Ich stelle mir da so eine Tonvase vor, die überall Risse und Löcher hat. Aber genau durch diese Risse scheint das Licht hindurch, welches in dem Tongefäß verborgen liegt. Wir sind schön, so wie wir sind. Und sobald wir das annehmen und verstehen, entsteht eine Schönheit, die von innen heraus strahlt und uns wirkliche Schönheit verleiht.
Die Bibel stellt da manch weltliche Gesetze auf den Kopf. Da geht es nicht darum, immer Stärke zu beweisen, sondern auch mal Schwäche und Zerbruch zuzulassen, damit durch unsere Verletzungen hindurch Gottes Kraft in uns sichtbar wird. Gott sagt das in 1. Korinther 12,9 so zu Paulus: *„Meine Gnade ist alles, was du brauchst! Denn gerade wenn du schwach bist, wirkt meine Kraft ganz besonders an dir."*

Potential entfalten

In „Feuerwerk" möchte ich jedem, der an seinem Selbstwert zweifelt, zusingen, dass Schönheit und Potential in ihm steckt. Auch wenn wir das manchmal selbst nicht sehen können. „Ich kämpf mit dir gegen die Zweifel und auch wenn wir versagen, wir stehen zu unseren Narben."
Ich will das Feuerwerk in meinen Mitmenschen entfachen und dabei ist mir die Tochter des Pharaos aus 2. Mose 2, 1–10 zu einem großen Vorbild geworden: Denn was wäre wohl passiert, wenn sie bei ihrem Badeausflug an den Nil das kleine Strohschiffchen mit dem 3 Monate alten Baby übersehen oder ignoriert hätte? Wahrscheinlich hätte Mose nicht überlebt und die Geschichte des Volkes Israels hätte eine andere Wendung genommen. Und sie

hat nicht nur für dieses Baby gekämpft und Herzblut investiert, sie hat auch tief in die Tasche gegriffen, eine Leihmutter bezahlt und nicht zuletzt Mose die beste Ausbildung Ägyptens finanziert. Ich kann viel von dieser Frau lernen, was es bedeutet, Potential zu entdecken und zu fördern.

Wenn du schon zu einem starken Selbstwert gefunden hast, dann ist es für dich vielleicht an der Zeit, andere um dich herum „aus dem Wasser zu ziehen“ und ihnen dabei zu helfen, Potential zu entdecken und ihren wirklichen Wert zu finden.

Zum Weiterlesen

Eine wirklich inspirierende Geschichte ist die von Josef. Du kannst sie nachlesen in 1. Mose ab Kapitel 39. Josef hat eine Menge unschöner Dinge erlebt. Aber er ist nicht daran zerbrochen und wurde zu einer starken Persönlichkeit. Lies die Geschichte und finde heraus, wie er zu einem starken Selbstwert gelangt ist.

Zum Weiterdenken

Gibt es Dinge in deinem Leben, von denen du deinen Selbstwert abhängig machst? Definierst du dich über Aussehen und Klamotten, über sportliche Leistungen oder über gute Schulnoten oder deine Karriere? Nichts an all dem ist schlecht. Aber wenn darin dein Wert liegt, dann kommt dieser schnell ins Wanken.

07

DEINE LIEBE

Musik: Martin Denzin, Mitch Schlüter
Text: Daniel Harter, Martin Denzin, Mitch Schlüter

Schon wieder zu viel riskiert,
was wir haben aufs Spiel gesetzt,
alle Warnzeichen ignoriert,
mich verlaufen und dich verletzt.
Dass du bedingungslos zu mir hältst,
hab‘ ich ganz sicher mit nichts verdient.
Ich find einfach keinen Grund
außer dem, dass du anders bist.

Deine Liebe, deine Liebe, deine Liebe
ist stark genug.

Wie kannst du mir nur verzeihen,
ich kann das doch selber nicht.
Was ich getan habe, ist getan
und es gibt keinen Weg zurück.

Dein Blick ist nach vorn gewandt,
du zeigst auf das, was noch vor uns liegt.
Sagst mir ständig, es ist ok,
weil du selbst die Liebe bist.

Je länger wir gemeinsam unterwegs sind,
versteh ich mehr und mehr und mehr und mehr.

Es kommt öfter mal vor, dass ich Pippi in den Augen habe. Weil ich ein emotionaler Mensch bin, fühle ich mit anderen mit und bin öfter nah am Wasser gebaut. Dass ich allerdings so richtig unkontrolliert losheule, passiert eigentlich immer nur bei einer Sache: Liebesschnulzen. Das Problem ist, dass meine Frau diese Filme liebt und ich ihr zuliebe öfter mal eine mitanschaue. Schwer bewaffnet mit Taschentüchern schaffe ich es meistens irgendwie bis zum Ende.

Eine Geschichte hat mich besonders bewegt, weil es ein Film nach einer wahren Begebenheit war. Er erzählt die Lebensgeschichte von einem Ehemann, dessen Frau bei einem Autounfall das Gedächtnis verliert. Sie kann sich an die letzten Jahre ihres Lebens nicht mehr erinnern. Als sie dann im Krankenhaus aufwacht, erkennt sie ihren Ehemann nicht mehr. Stattdessen erinnert sie sich nur noch an eine frühere Beziehung und an einen Mann, mit dem sie einmal verlobt gewesen war. Der wittert die Chance, sie zurück zu gewinnen und so muss der Ehemann alles tun, damit sich seine Frau noch einmal in ihn verliebt.

Ich habe unglaublich viele Taschentücher bei diesem Film („Für immer Liebe", auf Englisch „The Vow") gebraucht, weil ich so bewegt war von der ungebrochenen Liebe des Ehemannes, der alles dafür getan hat, das Herz seiner Frau zurückzugewinnen. Eine Liebe, die anfangs nur einseitig war, die aber nicht aufgegeben hat und am Ende – wie es sich für eine Liebesschnulze gehört – zu einem Happy End führt.

Gott hat sich festgebissen

Im Song „Deine Liebe" geht es um genau solch eine Liebe. Eine dickköpfige, hartnäckige Liebe, die nicht aufgeben wird. Um einen Gott, der alles tut, um unsere Herzen zurückzugewinnen. Es geht um eine Liebe, die stark genug ist und die durchhält, auch dann, wenn wir unseren Part des Versprechens nicht erfüllen. Mich hat dabei ein Satz tief geprägt: „Nicht wir halten an Gott fest, sondern Gott hält an uns fest!"

Tief in mir ist immer noch der Gedanke verwurzelt, dass ich irgendetwas tun könnte, das Gott dazu bewegt, mich mehr zu lieben oder dass er mich weniger lieben könnte, wenn ich etwas falsch mache. Ich lebe oft mit dem Gefühl, dass ich mich an Gott festhalten muss anstelle eines tiefen Vertrauens, dass Gott mich hält – trotz meiner Fehler und meines Versagens. Wie würde sich mein Leben verändern, wenn ich verstehen würde, dass Gott mich tatsächlich bedingungslos liebt? Immer. 100 Prozent. Nie mehr – nie weniger. Weil er mich schon mit allem, was er hat, liebt. Wie viel freier wäre ich, wenn mir immer bewusst wäre: Seine Liebe ist stark genug.

Bedingungslose Liebe

Ist es nicht das, was sich alle Menschen wünschen? Angenommen zu sein. So wie sie sind. Mit allen Macken und Ecken zu genügen? Eben nicht nur geliebt zu sein, sondern auch bedingungslos angenommen zu sein. Ein Vertrag ohne Kleingedrucktes. Denn Liebe, die an Bedingungen geknüpft ist, ist nicht das, wonach wir suchen. Aber im zwischenmenschlichen Bereich ist genau das oft der Fall: Liebe beruht auf Gegenleistungen: „Ich liebe dich – wenn du mich auch liebst." „Ich mag dich als Arbeitskollegen – wenn du gut und zuverlässig deine Arbeit machst." „Ich mache dir Komplimente zu deinen Klamotten – wenn du auch ab und zu was Nettes über meine sagst." „Ich bin gern mit dir verheiratet – wenn du auch im Haushalt mithilfst." Und so geht die Liste weiter. Für uns Menschen ist eine bedingungslose Liebe deshalb so schwer vorstellbar, weil wir sie nirgends sehen und erleben. Alles scheint immer auf Gegenseitigkeit zu beruhen. Keine Liebe ist stark genug, um nur einseitig zu funktionieren.
Vielleicht fällt es mir deshalb auch so schwer zu glauben, dass Gott mich nicht nur liebt, sondern mich auch vorbehaltlos so annimmt, wie ich bin. Ohne Gegenleistung. Das widerspricht meiner menschlichen Logik. Es widerspricht meinem deutschen Denken. Wir müssen uns die Dinge doch erarbeiten. Wertschätzung, Aufmerksamkeit, Liebe, Zuwendung – das bekommt man doch nicht geschenkt!

Geliebt, weil ich ich bin

Ich weiß noch gut, wie die ersten Wochen verliebt sein waren. Am 11. Juli 2014 hat meine Frau Jorinna zum ersten Mal die drei magischen Worte zu mir gesagt: „Ich liebe dich". Und das hat alles verändert. Das hat etwas mit mir gemacht, was man schwer in Worte fassen kann.
Das Schöne ist: Als wir uns kennengelernt haben, hatte sie keine Ahnung wer „Daniel Harter" ist. Weil sie die letzten zehn Jahre in der Mission im Ausland verbracht hatte, hatte sie noch nie etwas von meiner Band ECHTZEIT oder einem Musik-Missionar gehört. Und als wir uns kennenlernten, fing sie an, mich zu lieben. Nicht für das, was ich geleistet hatte oder für die Musik die ich machte, sondern sie liebte mich! Mich und nicht meine Leistung, meine Musik oder meine Bücher. Das hat etwas mit mir gemacht. Es hat in mir Sicherheit, Geborgenheit und Verbundenheit geschaffen. Eine Liebe, die nicht auf meinen Leistungen basierte, sondern auf meiner Person, meiner Identität. Seither lebe ich mutiger, befreiter, gelassener. Warum? Weil ich geliebt werde. Nicht für meine Leistung, sondern weil ich ich bin.
Genau den gleichen Effekt sollte Gottes Liebe zu uns auf unser Leben haben. Wir sollten vor Freude strahlen, wenn wir an seine Liebe denken. Unser Glaube sollte uns beflügeln und nicht die Flügel stutzen. Gottes bedingungslose Liebe macht frei.

Huren und Finanzbeamte

Ich komme immer wieder ins Schwärmen von dieser Liebe, die stark genug ist, weil ich sie in der Bibel überall wiederfinde. Wenn ich lese, wie Gott seinen Sohn auf diese Erde schickt, dann finde ich es ganz spannend zu sehen, wer seine Freunde waren. Mit wem hat er Zeit verbracht? Mit welchen Typen hat er Mittag gegessen oder ist er wandern gegangen? Jesus war einer, der dafür bekannt war, dass er mit der Unterschicht, mit den Versagern der Gesellschaft, mit dem Gesindel unterwegs war. Er schenkte denen Liebe, die es am wenigsten „verdient" hatten. Er nahm den Zöllner ernst, der krumme Geschäfte gemacht hatte, er verurteilte die Prostituierte nicht für ihre Vergangenheit, er sprach den Schwerverbrecher, der neben ihm am Kreuz hing, von seiner Schuld frei. Er warf keine Steine auf die Ehebrecherin. Er lud den Millionär ein, ihm zu folgen. Er behielt Judas 3 Jahre in seinem Team, obwohl er wusste, dass er aus der Kasse klaute und ihn verraten würde. Er schenkte der Frau am Brunnen Aufmerksamkeit, obwohl sie schon fünfmal verheiratet war.

Abgesoffen

Gottes Liebe ist so anders. Das wird an vielen Stellen in der Bibel deutlich. Aber für den Song „Deine Liebe" hat mich eine Person ganz besonders inspiriert. Petrus war einer, der in vielen Dingen so tickte, wie ich. Er liebte Jesus und er schwor, dass er ihn nie verraten würde. Er war immer vorn mit dabei, immer hoch motiviert. Feuer und Flamme für Jesus. Aber er war auch einer, der trotz seines großen Glaubens im Sturm unterging, weil er seinen Blick von Jesus weg auf die Wellen gerichtet hatte. Trotz seiner großen Versprechen, zu Jesus zu stehen, hatte er ihn verraten und Jesus hätte allen Grund gehabt, ihm die Freundschaft zu kündigen. Aber gerade diesen Petrus liebt Jesus bedingungslos und setzt ihn nach seiner Auferstehung gleich wieder in sein Team ein und macht deutlich: Ich liebe dich, egal wie oft du versagst. Das begeistert mich. Gottes Liebe ist so anders. Beim christlichen Glauben geht es nicht darum, Gott mit meiner Liebe zu beeindrucken oder ihn durch gute Taten zu besänftigen.

Ohne Wenn und Aber

Gott liebt mich nicht erst dann, wenn ich mein Leben in Ordnung gebracht habe, sondern jetzt schon. So wie ich bin. Da wo ich auf meiner Reise stehe. Deshalb schreibt Paulus: *„Gott aber hat uns seine große Liebe gerade dadurch bewiesen, dass Christus für uns starb, als wir noch Sünder waren."* Römer 5,8

Spannend. Wann hat uns Gott seine große Liebe gezeigt? Richtig: *„als wir noch Sünder waren". Im Moment unseres Versagens, als wir Gott den Rücken gekehrt hatten – da hat er uns seine Liebe gezeigt. Deutlicher kann man es nicht sagen, wie bedingungslos* *diese Liebe Gottes ist. Ein paar Verse weiter setzt Paulus sogar noch eins drauf: „Doch als das Ausmaß der Sünde unter den Menschen immer größer wurde, ist Gottes wunderbare Gnade noch grenzenloser geworden.“* Römer 5,20

Das bedeutet: Gottes Liebe steigt proportional zu meinem Versagen an. Je größer mein Versagen, desto größer seine Gnade, seine Vergebung und seine Liebe. Seine Liebe zu mir ist absolut unabhängig von meiner Leistung. Sie ist begründet in meiner Identität und „je länger wir (Gott und ich) gemeinsam unterwegs sind, versteh ich mehr und mehr: Deine Liebe ist stark genug.“

Jetzt bin ich Papa

So richtig verstanden habe ich all das erst, seit dem 17. Mai 2018: Der Tag, an dem ich Papa geworden bin. Ich weiß noch gut, wie unser Sohn mich direkt in der ersten Woche vollgekackt und mich im hohen Bogen angepinkelt hat. Viele Nächte mit wenig Schlaf und viel Geheule. Und trotzdem liebe ich ihn. Warum? Weil er mir beim Tischdecken und Autowaschen hilft? Weil er so gut Holz spalten kann? Weil er immer artig ist?
Nein, ich liebe ihn, weil er mein Kind ist. Meine Liebe zu ihm hat nichts mit seinem Lebensstil zu tun, sondern mit seiner Identität. Er wird immer mein Sohn bleiben, egal was er tut. Und auch, wenn er eines Tages erwachsen ist und große Dummheiten anstellt, dann ändert das nichts an seiner Identität. Er wird trotzdem unser Sohn bleiben. Er ist Teil der Familie. Deshalb finde ich es so schön, dass Gott uns als seine Kinder bezeichnet. Wir sind Teil der Familie Gottes und werden das bleiben, egal ob wir mal versagen oder ob wir unser Leben immer geradeaus leben.

Natürlich bedeutet das auch, dass ein liebender Vater seine Kinder auch erzieht (Hebräer 12,7–11). Ein guter Vater setzt Grenzen und bewahrt das Kind vor Fehlern, gerade weil er es liebt. Deshalb will ich Gott als meinem Vater auch vertrauen, dass seine Erziehungsmaßnahmen in meinem Leben gut und richtig sind und er immer nur aus Liebe zu mir handelt. In allem darf ich wissen: Seine Liebe zu mir ist begründet in meiner Identität als ein Kind Gottes und nicht in meinem Tun.

Kann ich deshalb tun was ich will?

Wenn Gottes Liebe also tatsächlich stark genug, bedingungslos und völlig losgelöst von meinem Tun ist, bedeutet das dann, ich kann leben, wie ich will und Gott liebt mich trotzdem?
Für mich ist ein Schlüsselvers in der Bibel: *„Seht ihr nicht, dass er euch durch seine Güte zur Umkehr bewegen will?"* Römer 2,4. Oder wie es die Volxbibel sagt: „Ist dir das egal, wie lieb Gott mit dir umgeht und mit wie viel Geduld er sich um dich kümmert? Kapierst du nicht, dass Gott mit seiner Liebe dich dazu bewegen will, dein Leben zu ändern?" Gottes Liebe hat Auswirkungen! Die Bibel sagt, es ist seine Liebe, die uns dazu bewegen sollte, unser Leben zu ändern. Seine Liebe. Nicht seine Gebote.

Die Reihenfolge ist deshalb so wichtig. Aus seiner Liebe zu uns folgt, dass wir das Richtige tun: Liebe, Taten. Das ist die richtige Reihenfolge. Wir denken aber allzu oft, es sei genau anderes herum: Taten, Liebe. Wir glauben, wenn wir das Richtige tun, dann wird Gott uns lieben. Das ist aber furchtbar anstrengend, denn dann hängt seine Liebe ja von meinen Taten ab. Und wenn ich versage, dann liebt Gott mich plötzlich auch nicht mehr!
Aber Römer 2,4 sagt, es ist genau anders herum: Gott liebt uns und daraus folgt ganz natürlich, dass wir das Richtige tun. Wir müssen also zuerst Gottes Liebe erkennen und verstehen und diese Liebe wird uns dann zur Umkehr leiten und wir werden aus lauter Dankbarkeit heraus „gute Taten" tun. Oder wie Jesus es beschreibt: *„Wenn ihr mich liebt* (oder auch: Wenn ihr meine Liebe verstanden habt), *werdet ihr meine Gebote befolgen."* (Johannes 14,15, frei übertragen)

Ist der Liebestank halb voll oder halb leer?

Was heißt diese Erkenntnis denn nun für meinen Alltag? Wo wird das Ganze praktisch? Ich entdecke in meinem Leben oft einen

Mechanismus: Ich denke, mein „Liebestank“ muss zuerst bis oben hin gefüllt sein, bevor ich andere Menschen lieben kann. Ich habe Angst, mein Tank könnte leerlaufen, wenn ich zu viel Liebe weitergebe. In einem Bild gesprochen: Ich bin wie ein Wasserkrug, der immer nur dann frisches Wasser an seine Mitmenschen weitergibt, wenn er überläuft. Da das aber sehr selten passiert, habe ich auch wenig frisches Wasser für meine Mitmenschen übrig.
Wenn ich dagegen verstanden habe, dass Gott mich bedingungslos liebt, dann brauche ich keine Angst mehr zu haben, dass mein eigener Tank leerlaufen könnte, weil ich ja weiß, dass ich bedingungslos und unabhängig von meinen Taten geliebt und angenommen bin. Deshalb kann ich bei meinem Wasserkrug unten einen Zapfhahn dranmachen und kann jeder Zeit für meine Mitmenschen frisches Wasser abzapfen. Ich muss nicht erst warten, bis der Tank überläuft. Das macht für meinen Alltag einen riesigen Unterschied.

Wenn das alles wahr wäre

Die Frage, die ich dir mitgeben möchte, lautet: „Was würde sich in deinem Leben ändern, wenn das alles wahr wäre? Wo würdest du anders leben, wenn du dir der bedingungslosen Liebe Gottes sicher wärst?“ Die gute Nachricht ist: Es ist wahr! Gottes Liebe ist bedingungslos. Aber wie das mit Liebe so ist: Wir müssen sie annehmen. Niemand kann dir Liebe überstülpen, niemand kann dich zwingen jemanden zu lieben. Ich konnte nicht „machen“, dass Jorinna mich liebt. Das musste sie selbst und aus freien Stücken heraus tun. Gott ist ein Gentleman. Er zwingt dir seine Liebe nicht auf. Du musst dich lieben lassen.

Zum Weiterlesen

Die Bibel sagt, Gott ist Liebe (1.Johannes 4,16). Das bedeutet also, ich kann, immer da, wo Liebe steht, auch das Wort Gott einsetzten. Wenn man in 1. Korinther 13 das Wort „Liebe“ gegen „Gott“ austauscht, dann ergibt sich eine schöne Beschreibung von Gottes Charakter:

„Die Liebe ist geduldig und gütig. Die Liebe eifert nicht für den eigenen Standpunkt, sie prahlt nicht und spielt sich nicht auf. Die Liebe nimmt sich keine Freiheiten heraus, sie sucht nicht den eigenen Vorteil. Sie lässt sich nicht zum Zorn reizen und trägt das Böse nicht nach. Sie ist nicht schadenfroh, wenn anderen Unrecht geschieht, sondern freut sich mit, wenn jemand das Rechte tut.“ 1. Korinther 13, 4–6

Zum Weiterdenken

Ich merke bei mir selbst: Mir fällt es oftmals so viel schwerer, mir selbst für meine Fehler zu verzeihen, als Gott das tut. Er hat mir längst verziehen. In der zweiten Strophe von „Deine Liebe“ heißt es: „Sein Blick ist nach vorn gewandt. Er zeigt auf das, was noch vor uns liegt. Er sagt mit ständig „es ist ok“, weil er selbst die Liebe ist.“

Gibt es Fehler in deinem Leben, die du dir selbst noch nicht verzeihen konntest? Wenn Gott dir vergeben hat, solltest du dir dann nicht auch selbst vergeben?

Wenn du selbst aus dieser grenzenlosen Vergebung Gottes lebst – was gibt dir dann das Recht, hartherzig mit anderen zu sein? Wo musst du heute anderen vergeben?

Wenn du ein Kind Gottes bist und das nun deine Identität ist, überlege, was das alles für Auswirkungen hat. Was bedeutet das für dein Erbe, das Leben nach dem Tod und für schwere Zeiten?

08

NEUER TAG

Text & Musik: Katja Zimmermann & Daniel Harter

An Tagen wie diesen,
da wäre es leicht,
zu kapitulieren,
mich nicht mehr zu wehren,

bleib einfach hier liegen
im Feindesland.
Ich schließe die Augen,
fang an zu träumen
vom Neuanfang.

Denn morgen wird besser, als gestern war.
Am Horizont zeigt sich ein neuer Tag.
All unsere Träume sind niedergebrannt,
doch unter der Asche liegt neues Land.

An Tagen wie diesen,
da stehe ich auf.
Ein Fuß vor den andern,
ich geb' mich nicht auf

Im Inneren kämpf ich
an vorderster Front.
Ich fang an zu danken
für kommende Tage.
Mein Neuanfang.

Am Ende wird alles, ja, alles wird gut.
Und bis es das ist, ist hier noch nicht Schluss.

Seine Karriere begann damit, dass er für eine Zeitung zeichnete, allerdings endete sie auch schon sehr schnell wieder. Mit der Begründung, er habe zu wenig Phantasie und zu wenig Vorstellungskraft, wurde er vom Herausgeber gefeuert. Dann hatte er die Idee, Filme mit sprechenden Tieren zu drehen. Das fanden alle lächerlich und absurd. Mehrere hundert Absagen soll er für seine Idee bekommen haben. Im Laufe der Zeit ging er mehrfach Pleite, aber er ließ sich nicht unterkriegen. Nach jedem Rückschlag stand er neu auf, jede Absage war für ihn nur ein Grund, sein Produkt zu verbessern. Heute kennt ihn jeder auf diesem Planeten: sein Name ist Walt Disney.

Krone richten, weitergehen

Bei jeder Niederlage, die wir erleben, öffnet sich vor uns eine Weggabelung. Wir entscheiden: Wollen wir es als Chance sehen und an unserer Herausforderung wachsen oder im Selbstmitleid baden? Wir entscheiden, ob vor uns ein Stolperstein liegt, oder ob es nicht vielleicht auch ein Baustein sein könnte. Es liegt in unserer Hand, ob wir einfach kapitulieren und im Feindesland liegen bleiben, oder ob wir aufstehen, einen Fuß vor den anderen setzen und weitergehen.
Das klingt vielleicht erst einmal nach inhaltsleeren Motivationssprüchen. „Morgen wird besser, als gestern war“ heißt es im Refrain von „Neuer Tag“ und man könnte es schnell in die Schublade von oberflächlichen Postkartensprüchen stecken. Aber ich habe den Song zusammen mit Katja Zimmermann geschrieben, weil wir davon überzeugt sind, dass dahinter ein göttliches Prinzip steckt. Gott möchte das Beste für mein und dein Leben und er hat großartige Pläne für unsere Zukunft: *„Denn mein Plan mit euch steht fest: Ich will euer Glück und nicht euer Unglück. Ich habe im Sinn, euch eine Zukunft zu schenken, wie ihr sie erhofft. Das sage ich, der Herr.“* Jeremia 29,11–13

Morgengrauen

Gott ist einer, der, wenn wir hinfallen, uns immer wieder zuruft: „Steh auf! Geh weiter! Morgen wird besser!“ David formuliert das in Psalm 30,6 einmal so: *„Nach jeder Nacht, folgt ein neuer Tag."* Wenn es gerade dunkel in deinem Leben ist – gib nicht auf, denn nach jeder Nacht folgt das Morgengrauen und danach ein neuer Tag. Gott hat von Anfang an beschlossen, dass er mit unserem Leben ein „gutes Werk" vorhat. Er wird alles zu einem guten Ende bringen: *„Gott wird das gute Werk, das er bei euch angefangen hat, auch vollenden bis zu dem Tag, an dem Jesus Christus kommt."* Philipper 1,6. Deshalb kann ich so überzeugt sagen, dass am Ende alles gut werden wird und dass, wenn es noch nicht gut ist, es auch noch nicht das Ende sein kann.

Neues wird geboren

Das Volk Israel im Alten Testament hatte auch mit so einigen Rückschlägen und niedergebrannten Träumen zu kämpfen. Im Buch Jesaja ermutigt Gott sein Volk bei allen schweren Zeiten, durch die sie gehen, nach vorn zu schauen:
„Einst habe ich für mein Volk einen Weg durchs Meer gebahnt, mitten durch gewaltige Wassermassen.... Daran denkt ihr, daran klammert ihr euch. Aber blickt doch nicht immer zurück! Ich schaffe jetzt etwas Neues! Es kündigt sich schon an, merkt ihr das nicht? Das Volk, das ich mir erschaffen habe, wird mich rühmen und wird weitersagen, was ich getan habe." Jesaja 43;16,19,21
Wenn ich die Verse so lese, dann fange ich schnell an, innerlich zu klatschen! Gott tut etwas Neues. Er schafft neue Straßen in der Wüste, geht neue Wege in meinem Leben. Das klingt zunächst ganz wunderbar und Mut machend. Doch immer, wenn Gott dann etwas Neues in meinem Leben tut, verfliegt bei mir schnell die Begeisterung, denn Neues bedeutet immer auch Unbekanntes. Neue Wege sind meistens auch unbeschrittene Wege und ich weiß am Anfang noch nicht, wo sie hinführen. Ein neuer Arbeitsplatz, eine neue Stadt, eine neue Beziehung, ein Baby – all das ist toll, aber das Neue macht mir gleichzeitig auch Angst.

Mut aus der Vergangenheit schöpfen

Deshalb ermutigt Gott sein Volk in diesem Bibeltext nicht nur dazu nach vorn zu schauen und sich über das Neue zu freuen, das er tut. Er nimmt ihnen gleichzeitig auch die Angst, indem er sie an all die Wunder erinnert, die er bereits in der Vergangenheit getan hat. In Vers 16 erinnert Gott sie daran, wie er damals einen Weg durch das Meer gebahnt hat. Die Lage schien aussichtslos, als hinter ihnen der Feind war und vor ihnen das Meer, aber schon in der Vergangenheit hat Gott bewiesen, dass er treu ist und einen Ausweg aus ausweglosen Lagen schaffen kann. Dasselbe Prinzip versuche ich in meinem Leben umzusetzen. Wenn etwas Neues auftaucht das mir Angst macht, dann erinnere ich mich an das, was Gott schon in der Vergangenheit für mich getan hat und das macht mir Mut und Hoffnung, auf das Neue zuzugehen, anstatt ängstlich in die Zukunft zu schauen.

Aus Alt mach Neu

Komisch fand ich dann allerdings den nächsten Vers in dem Gott sagt: *„Daran denkt ihr, daran klammert ihr euch. Aber blickt doch nicht immer zurück! Ich schaffe jetzt etwas Neues!“* (Vers 18)
Ich habe gemerkt: Es gibt einen Unterschied zwischen Kraft schöpfen aus vergangenen Wundern und einem Festklammern an dem, was Gott in der Vergangenheit getan hat. Ich merke: Unbewusst wünsche ich mir dann oft, dass Gott genau dasselbe noch einmal tut. Das „Neue“, das Gott schafft, soll bitte genauso aussehen wie das, was er früher getan hat. Aber da sagt Gott: “Klammer dich nicht an dem fest, wie ich es in der Vergangenheit getan habe. Schau nicht immer darauf zurück. Sei offen dafür, dass ich etwas ganz Neues schaffe“Ich nehme mir selbst den Segen, wenn ich Gott in eine zu kleine Box stecke und erwarte, dass das Neue vor mir genauso aussieht, wie das Alte. Gott ist ein kreativer Gott! Er wird Neues schaffen! Ja, wir dürfen und sollen uns an das erinnern, was Gott getan hat, aber wir müssen offen dafür sein, dass Gott in unserem neuen Lebensabschnitt das gleiche Wunder nicht noch einmal auf die gleiche Art und Weise tut. Er wird neue Wunder tun. Neue Auswege finden. Auf eine andere Art und Weise meine Gebete erhören. Das Neue wird vielleicht ganz anders aussehen und sich anders anfühlen als ich es erwartet habe, aber es wird gut sein.

Gottvertrauen

Ich merke, am Ende dreht es sich immer um das gleiche Thema. Gott vertrauen ist der Kern in einem hoffnungsvollen Lebensstil. Ich will darauf vertrauen, dass Gott es gut meint, auch wenn ich das nicht verstehen kann. Seine Pläne und Gedanken für mein Leben mögen anders aussehen als meine, aber ich will daran festhalten, dass seine Pläne besser sind. Er sagt:
„Meine Gedanken sind nicht zu messen an euren Gedanken und meine Möglichkeiten nicht an euren Möglichkeiten. So hoch der Himmel über der Erde ist, so weit reichen meine Gedanken hinaus über alles, was ihr euch ausdenkt, und so weit übertreffen meine Möglichkeiten alles, was ihr für möglich haltet.“ Jesaja 55,8–9

Neuer Tag

Vor uns liegt ein neuer Tag! Am Horizont ist er schon zu sehen. Ich weiß: *„Für die, die Gott lieben, muss alles zu ihrem Heil dienen.“* (Römer 8,28) Und auch wenn es sich so anfühlt, als ob alle meine Träume niedergebrannt seien, alle Hoffnung verschwunden ist und ich mich in der tiefsten Nacht wiederfinde, so darf ich wissen: Ein neuer Tag wird kommen. Gott kann aus Dreck Bonbons machen und aus Asche wird Schönheit hervorkommen (Jesaja 61,3).
Was sind also nun die nächsten Schritte, die ich in dieses neue Land hineingehen kann? Der Schlüssel findet sich am Ende der zweiten Strophe: „Ich fang an zu danken für kommende Tage – mein Neuanfang.“ Dankbarkeit führt dazu, dass ich die Dinge in einem anderen Licht sehe. Dabei wird manch neuer Weg, der sich vielleicht zuerst etwas holprig anfühlt, zu einem neuen Abenteuer und das Unbekannte zu einer neuen Chance, meinen Glauben zu vertiefen. Dabei dürfen wir mutig, fröhlich und unerschrocken vorangehen, weil wir wissen, dass Gott schon einmal einen Weg durchs Meer gebahnt hat und es auch jederzeit wieder tun kann.

Zum Weiterlesen

„Denn Gott hat uns nicht einen Geist der Feigheit gegeben, sondern den Geist der Kraft und der Liebe und der Besonnenheit." 2. Timotheus 1,7

„Quält euch also nicht mit Gedanken an morgen; der morgige Tag wird für sich selber sorgen. Es genügt, dass jeder Tag seine eigene Last hat. Wer von euch kann durch Sorgen sein Leben auch nur um einen Tag verlängern?" Matthäus 6, 34+27

Zum Weiterdenken

Zwei Zitate, die mich begeistert haben:

„Von allen Sorgen, die ich mir machte, sind die meisten nicht eingetroffen." (Sven Hedin)

„Sich sorgen nimmt dem Morgen nichts von seinem Leid, aber es raubt dem Heute die Kraft." (Corrie ten Boom)

Wo schaust du ängstlich in die Zukunft? Was ist das „Neue" in deinem Leben, das dir Angst macht? Welche Sorgen halten dich gefangen?

09

LASS UNS UNS TRAUEN

Text & Musik: Daniel Harter, Mitch Schlüter

Seit du in meinem Leben bist,
bin ich hoffnungslos verloren ohne dich.
Seitdem bin ich auf den Kopf gestellt,
dreht sich meine kleine Welt nur noch um dich.

Lass uns uns trauen und uns ein kleines Häuschen bauen
und Kinder kriegen, uns streiten und lieben,
einander vertrauen.

Seit du in meinem Leben bist,
sing ich alle meine Lieder nur noch für dich.
Seitdem ist, was mir wertvoll ist,
gar nicht mehr so wichtig ohne dich.

Und wenn dann die Blätter fallen
weil der Sommer geht,
wärme dich an meinem Feuer
bis der Wind sich dreht.

Ich war verliebt. Das wusste ich schon länger. Ich hatte sie bei einer Grillparty getroffen und seither hatte sie sich in meinem Kopf eingenistet. Ich musste ständig an sie denken und ihr Facebook Profil war wohl lange Zeit die am öftesten angeklickte Seite in meinem Browser. Tatsächlich hatte ich sogar den Mut gefunden, sie öfter mal zu kontaktieren und sporadisch schrieb sie mir auch zurück. Aber alle Bemühungen, sie auf ein Date einzuladen, scheiterten kläglich. Nach mehreren solcher Versuchen, brachte ich es dann endlich übers Herz, ihr meine Liebe zu gestehen, aber auch das änderte die Sachlage nicht. Sie war nicht an mir interessiert und gab mir auf nette, aber bestimmte Art einen Korb.

Das war hart, aber das Leben ging weiter. Schließlich gab es ja auch noch andere hübsche Frauen. Nur: Trotz aller Bemühungen, bekam ich sie nicht mehr aus meinem Kopf. Immer wieder ertappte ich mich dabei, zu überlegen, was sie jetzt wohl gerade machte und über gemeinsame Freunde verfolgte ich ihr Leben aus der Ferne. Nach einem Jahr Funkstille entschloss ich mich dann, es doch noch einmal zu versuchen. Was hatte ich zu verlieren? Ich nahm all meinen Mut zusammen und schickte ihr einen handgeschrieben dreiseitigen Brief ins Ausland, wo sie sich gerade befand. Monate später verarbeitete ich dann all die wilden Gefühle, die sich dabei in meinem Herzen abspielten, zusammen mit meinem Musikerkollegen und Freund Tobias Hundt in dem Lied 42 Tage aus meinem Album „Mehr als du glaubst“:

42 Tage

„Mir tun die Augen weh vom Weinen,
hab mich die ganze Nacht geplagt,
dir versucht einen Brief zu schreiben,
doch die Wahrheit ist so hart.
Mein Herz in einem Umschlag, schick es um die Welt,
auf dass du gut drauf aufpasst und dass es dir gefällt.
Ich zähle ich die Tage und ständig die Frage,
ob ich ein Idiot bin, geritten vom Leichtsinn
oder doch irgendwie ein Ritter, ein Held, ein Genie.
Sag mir, fühlst du wie ich?
Bitte sag's mir, sag's mir ins Gesicht
aber sag's mir, bitte verschon mich nicht.“

Es war eine klare Ansage. Aber: Aus irgendeinem unerklärlichen Grund war der Brief leider nicht bei ihr angekommen. 42 Tage lang wartete ich jeden Tag auf eine Antwort – doch nichts geschah. In meinem Kopf malte ich mir alle möglichen Szenarien aus, bis ich dann nochmal all meinen Mut zusammennahm und ihr mein Bekenntnis erneut per E-Mail schickte. Daraufhin bekam ich dann eine Antwort, die ich in besagtem Lied folgendermaßen beschrieb:

„Und dann plötzlich im März, in drei knappen Sätzen
als die Wahrheit mein Herz erfasste, zerfetzte,
war nicht mehr viel übrig von dem starken Ritter.
Kein Haus und kein Garten, der Held wurde bitter."

Ich war am Boden zerstört. Zum zweiten Mal von derselben Frau einen Korb zu bekommen, ist hart. Aber nun hatte ich es verstanden und die Sache endgültig abgehakt, ihre Nummer gelöscht und die Facebook Freundschaft gekündigt.

Happy End

Doch dann wendete sich das Blatt doch noch einmal. Am 31. Mai 2014 passierte es: Ich spielte ein Konzert und saß gerade mit meiner Band beim Abendessen, als ich sie aus dem Augenwinkel kommen sah. Mit dieser Begegnung begann ein Sommermärchen, das sich mit dem WM-Titel der deutschen Fußballmannschaft verwob und plötzlich ging alles schnell. Es war, als ob ein Staudamm geplatzt war. Als ob Gott alle meine Gebete auf einmal erhören würde. Wie ein Feuer, in das man Benzin goss, eine Flut an Segen und Gutem, die Gott auf mich herabregnen ließ.

Rückblickend stehe ich da und krieg den Mund nicht mehr zu. Nie in meinen wildesten Fantasien hätte ich geglaubt, dass Gott diese Geschichte zu einem glücklichen Ende kommen lassen würde. Es war sicherlich nicht mein unerschütterlicher Glaube oder mein Verdienst. Es war Gottes Gnade. Und es war eine Bestätigung seines Versprechens: *„Bittet und ihr werdet bekommen! Sucht und ihr werdet finden! Klopft an und es wird euch geöffnet" (Matthäus 7,7) und „Wenn ihr dann in meinem Namen, unter Berufung auf mich, um irgendetwas bittet, werde ich es tun."* (Johannes 14,13)

Lass uns uns trauen

... ist die Fortsetzungsgeschichte von damals. 2016 haben wir geheiratet, zwei Jahre später ein Kind bekommen und haben uns tatsächlich ein Haus gekauft. Sie hat meine Welt auf den

Kopf gestellt. Das, was mir früher so wichtig war, ist es nun nicht mehr. Ja, heiraten ist immer eine spannende Sache und es hat etwas damit zu tun, sich zu trauen. Sich den Rest seines Lebens an einen anderen Menschen zu binden, ist schon verrückt, aber gleichzeitig auch wunderschön. Streiten und lieben liegt so nah beieinander. Bestimmt werden auch noch Tage kommen, in denen „der Sommer geht, und der Wind sich dreht." Doch wenn die Blätter fallen, dann können wir uns gegenseitig wärmen, durchtragen und ermutigen.

Kämpfe für die Menschen, die du liebst

Ich glaube, wir alle kennen Beziehungen, die Höhen und Tiefen durchlaufen. Es ist nicht immer nur Sommer. Manchmal wird es kühler. Aber ich merke: Beziehungen sind das Wichtigste in meinem Leben und sie sind es wert, gepflegt zu werden. Eine gute Beziehung entsteht nicht zufällig. Es kostet Zeit, Arbeit und viel Kommunikation. Aber es lohnt sich, um diese Beziehungen zu kämpfen.
Bei unserer Hochzeit habe ich Jorinna ein Trauversprechen gegeben und ihr ein paar Dinge versprochen. Eines dieser Versprechen war, dass mir unsere Beziehung immer wichtiger sein soll, als meine Arbeit. Ich liebe meine Arbeit. Aber ich habe gemerkt: Ich muss meine Prioritäten immer wieder neu ordnen und Familie und Ehe muss wichtiger sein als meine Arbeit.

Trau dich

Ich war 36 Jahre alt, also ich Jorinna geheiratet habe. Meine erste Freundin. Meine erste Beziehung. Davor lagen viele Jahre des Singleseins, in denen ich oft auch frustriert und enttäuscht war. Aber ich habe erlebt, was Psalm 68,6–7 sagt: *„Vater der Waisen, Beistand der Witwen – das ist Gott in seiner heiligen Wohnung! Den Einsamen schafft er eine Familie, die Gefangenen führt er in Freiheit und Glück."* Nach vielen Jahren des Singledaseins durfte ich erleben, dass Gott treu ist und dass er versorgt. Aber auch schon vorher durfte ich erleben, wie er mich mit einer „Familie" aus Freunden, Kollegen und einer geistlichen Familie umgab.

Auch hier habe ich immer wieder erlebt: Beziehungen kosten Mut. Ich muss mich trauen, mein Leben für Menschen zu öffnen. Auch in diesem Sinne: Lass uns uns trauen.

Zum Weiterlesen

An dieser Stelle ein Buchtipp. Donald Miller: „Eine Million Meilen in tausend Jahren“ fand ich sehr hilfreich und herausfordernd.

Zum Weiterdenken

Welche Beziehung in meinem Leben verdient es, dass ich mehr Zeit und Kraft in sie investiere. Welches „Pflänzchen“ muss ich gießen? Wo muss das Feuer höher brennen, damit andere sich in kalten Zeiten daran wärmen können?

10

WIE WEIT REICHT DEIN LICHT

Text: Katja Denzin, Martin Denzin, Mitch Schlüter, Daniel Harter
Musik: Martin Denzin, Mitch Schlüter, Daniel Harter

Dein ist der Tag und dein ist die Nacht.
Alles und Nichts, was hast du gemacht?
Und ich frage mich – wie weit reicht dein Licht?
Du bist die bitterste Kälte bei Nacht,
der achtlose Funke der Brände entfacht
und ich frage mich – wie weit reicht dein Licht?

Wie weit, wie weit reicht dein Licht?

Du bist die Stille nach dem Orkan,
das große Nichts am nächsten Tag
und ich frage mich – wie weit reicht dein Licht?

Du bist das Lied, das wunderbar klingt,
du bist der Engel, der Loblieder singt
und ich frage mich – wie weit reicht dein Licht?

Siehst du die Orte auf dieser Welt,
Menschen, auf die zu viel Schatten fällt?
Und ich frage mich – wie weit reicht dein Licht?

Brennt da noch Feuer in deinem Herz?
Kannst du noch schlafen, spürst du noch Schmerz?
Und ich frage mich – wie weit reicht dein Licht?

Es waren einmal zwei Mönche, die lasen miteinander in einem alten, mysteriösen Buch. In einem Kapitel lasen sie davon, dass es am Ende der Welt, hinter einer geheimen Türe, einen Ort gäbe, an dem Himmel und Erde sich berühren. Sie beschlossen, ihn zu suchen und nicht umzukehren, ehe sie ihn gefunden hätten. Sie durchwanderten die Welt, bestanden unzählige Gefahren und erlitten alle Entbehrungen, die man sich nur vorstellen kann. Schließlich, nach einer monatelangen Reise, fanden sie, was sie suchten. Sie klopften an die Tür und ihre Herzen pochten wie verrückt. Wie würde es wohl hinter der Türe aussehen? Ein Ort, an dem der Himmel auf die Erde kommt, wo der Friede Gottes greifbar wird und Nächstenliebe und Harmonie herrschen.
Ganz langsam öffnete sich diese alte, schwere Holztür. Die beiden Mönche trauten ihren Augen kaum, als sie in die neue Welt eintraten. Sie waren zuhause in ihrer eigenen Klosterzelle gelandet.
Da begriffen sie: Der Ort, an dem sich Himmel und Erde berühren, ist immer genau da, wo Gott uns hingestellt hat, damit wir den Himmel auf die Erde bringen und diese Welt durch die Liebe Gottes verändern.

Wie weit reicht dein Licht

... stellt die Frage, wie wir die Welt verändern können. Dabei ist es in erster Linie eine Frage an mich selbst, die mich immer wieder daran erinnern soll, dass das „Reich Gottes", der Himmel, nicht irgendwo weit entfernt ist, sondern dass ich ein Teil davon bin. Gott möchte durch mich sein Licht in die Dunkelheit dieser Welt leuchten lassen. Ich darf der verlängerte Arm Gottes sein.

Gottes Herzschlag

Jedes Mal, wenn ich das Lied in einem Konzert oder Gottesdienst singe, dann erinnert es mich selbst daran, dass es meine Aufgabe ist, mein Licht leuchten zu lassen. Wo mache ich eigentlich einen Unterschied in dieser Welt? Brennt da noch Feuer in meinem Herzen, sehe ich noch die Menschen, auf die zu viel Schatten fällt? Spüre ich noch den Schmerz? Ich möchte nicht nur

Loblieder singen, sondern möchte auch den Herzschlag Gottes teilen. Und Gottes Herz schlägt für die Armen und Unterdrückten dieser Welt und er fordert uns auf, die Armen nicht zu vergessen, uns um Witwen und Waisen zu kümmern und da, wo es uns gut geht, mit anderen zu teilen.

Schenken macht reich

Deshalb stellt das Lied eine einfache Frage: „Wie weit reicht dein Licht?“ Denn nur, wenn wir zusammen unser Licht leuchten lassen, werden wir wirklich etwas verändern. Und ja, es ist möglich. Die Kindersterblichkeit weltweit ist in den letzten Jahren stark zurückgegangen. Aber sie liegt immer noch in einem fünfstelligen Bereich pro Tag. Und jedes Kind, das auf Grund von Hunger oder fehlender Medizin stirbt, ist ein Kind zu viel. Deshalb engagiere ich mich seit Jahren für das Kinderhilfswerk Compassion. In eins-zu-eins Patenschaften hat das Werk es sich zur Aufgabe gemacht, Kinder im Namen Jesu aus der Armut zu befreien. Immer wieder höre ich bewegende Geschichten von Familien, die unterstützt wurden, aber auch von Unterstützern, die einen reichen Segen in ihrem Leben erlebt haben, weil sie angefangen haben mit denen zu teilen, die nicht so viel haben.

Das Geheimnis eines Weltveränderers

Die Frage bleibt aber: Wie kann das ganz praktisch aussehen? Was ist das Geheimnis eines Weltveränderers? Wie hat Jesus die Welt verändert? Was war seine Strategie? In einem der wohl bekanntesten Gleichnisse von Jesus habe ich ein paar Schlüssel entdeckt, wie wir den Himmel auf die Erde bringen können. In Lukas 10, 29–37 erzählt Jesus die Geschichte vom barmherzigen Samariter. Ein Zuhörer wollte wissen, was dieser Satz von Jesus genau bedeutet: „Liebe deinen Nächsten, wie dich selbst“. Wer ist genau unser Nächster?

Hinsehen, statt wegsehen

Jesus erzählt daraufhin eine Geschichte von einem Mann, der auf einer Reise überfallen und dann halbtot und nackt im Straßengraben liegengelassen wurde. Kurz darauf kommen nacheinander zwei sehr religiöse Menschen an dem Überfallenen vorbei. Sie sehen ihn, aber sie wechseln schnell die Straßenseite und schauen weg. Hier fühle ich mich schon zum ersten Mal ertappt. Wie schnell bin ich so sehr in religiöse Aktivitäten verstrickt, dass ich die wirkliche Not in der Welt nicht mehr sehe. Wie oft in meinem Leben sehe ich Menschen, die Not leiden, und anstatt hinzusehen, schaue ich weg. Wenn ich anfangen würde mit offenen Augen durch die Welt zu gehen, dann würden mir plötzlich jede Menge Momente begegnen, in denen ich mein Licht leuchten lassen könnte. Aber wie in diesem Gleichnis gehe ich oftmals einfach so vorüber.

Happy End

Aber dann kommt in dieser Geschichte ein dritter Mann vorbei. Einer, der in der Gesellschaft geächtet war, dem gegenüber die Menschen Vorurteile hatten. Jemand, von dem man nicht erwartet hätte, dass er hilft. Und dann sagte Jesus:
„Als er den Überfallenen sah, ergriff ihn das Mitleid.“ (Vers 33) Das fand ich einen spannenden Satz. Hier verrät Jesus die Motivation des Helfenden. Was führte dazu, dass der Helfende nicht nur nette Worte für den Überfallenen übrig hat, sondern richtig angepackte, teureres Öl für die Wundbehandlung nimmt, sich die Hände blutig macht und den Mann in einem Hotel in Langzeitpflege schickt und alle Kosten dafür übernimmt? Warum tut er all das? Jesus sagt, es war das „Mitleid“, das ihn angetrieben hat. Im Griechischen steht hier das Wort „splagchnizomai“. Wenn man es ins Deutsche übersetzten würde, dann bedeutet es so viel wie: „Es ging ihm an Herz und Nieren“. Oder „Es drehte ihm den Magen um“ oder „Es machte ihn krank vor Sorge.“ Er war so von Mitleid bewegt, dass es ihm selbst übel wurde. Er hat nicht weggeschaut, sondern zugelassen, dass sein Herz gebrochen wurde. Er hatte Mitgefühl. Im Englischen steht an dieser Stelle übrigens ein Wort das mir ebenfalls sehr bekannt vorkam: Compassion.

Ein ganz starkes Wort welches im Neuen Testament nur selten vorkommt. Nur, wenn davon berichtet wurde, dass Jesus Mitgefühl mit den Menschen hatte (wie zum Beispiel in Matthäus 14,14), kommt dieses Wort in der Bibel vor. Dann beendet Jesus seine Geschichte mit dem Satz: *„Geh und mach du es ebenso!"* (Vers 37). Eine klare Aufforderung an jeden von uns, öfter mal hinzusehen statt wegzusehen. Mitgefühl zu haben und unser Licht leuchten zu lassen.

Erst Hören dann Handeln

Allerdings wäre mir das alles ein wenig zu einseitig, wenn das die ganze Botschaft Jesu gewesen wäre: „Streng dich an, tue Gutes, hilf deinen Mitmenschen und du wirst in den Himmel kommen!" Das klingt mir ein bisschen zu einseitig. Als ich mir den Text dann genauer angeschaut habe, bin ich über ein weiteres Geheimnis gestolpert, wie wir unser Licht leuchten lassen können.

Ich dachte immer, hier wäre die Geschichte zu Ende. Happy End und eine klare Aufforderung, uns mehr anzustrengen. Aber ich habe gemerkt: Die Geschichte geht hier noch weiter. Was im Anschluss passiert, gehört noch zu Jesu Ratschlag mit dazu. Denn nachdem Jesus diese Geschichte erzählt hatte, war er bei zwei Schwestern zum Mittagessen eingeladen. Sie hießen Maria und Martha. Eine von beiden hatte Workaholic-Tendenzen und „war voll damit beschäftigt, das Essen vorzubereiten". Ihre Schwester mit Namen Maria dagegen, die „setzte sich zu Füßen des Herrn nieder und hörte ihm zu."
„Schließlich trat Marta vor Jesus hin und sagte: ‚Herr, kümmert es dich nicht, dass mich meine Schwester die ganze Arbeit allein tun lässt? Sag ihr doch, dass sie mir helfen soll!' Der Herr antwortete ihr: ‚Marta, Marta, du machst dir viele Sorgen und verlierst dich an vielerlei, aber nur eins ist nötig. Maria hat die richtige Wahl getroffen. Sie hat sich für ein Gut entschieden, das ihr niemand wegnehmen kann.'" (Lukas 10, 38–42)

Einfach mal die Klappe halten

Schön, wie offen und ehrlich so ein Geschwisterstreit in der Bibel präsentiert wird. Jesus macht hier eines ganz deutlich: Der Kern des Christseins ist nicht blinder Aktionismus und stumpfes „Gutes tun". Es geht darum, dass wir zuerst Zeit mit Jesus verbringen, zu seinen Füßen sitzen und seinen Herzschlag kennen lernen. Einfach mal die Klappe halten und zuhören.
Die einfache Formel, die Jesus hier gibt, ist: Erst hören, dann handeln. Ich kann nur das an andere weitergeben, was ich selbst habe. Ohne Frieden in meinem Herzen, kann ich keinen Frieden weitergeben. Ohne die Liebe Gottes, kann ich keine Liebe weitergeben. Zuerst, sagt Jesus, müssen wir uns die Zeit nehmen hinzusitzen und zuzuhören, bevor wir rausgehen und die Welt verändern.

Heil werden, dann helfen

Ich liebe es, wenn es am Ende eines Kinofilms noch einmal eine Wendung gibt. Wenn sich das ganze Ding nochmal dreht und alles auf einmal in einem anderen Licht erscheint. Dieses Gefühl hatte ich, als ich die Geschichte vom barmherzigen Samariter studiert habe und mir ein dritter Schlüssel in die Hand gefallen ist, den wir brauchen, um wirklich etwas zu bewegen.
Ich habe mich immer gefragt: Wer in diesem Gleichnis bin ich? Wo bin ich gemeint? Bin ich einer der Räuber, der andere überfällt? Oder bin ich einer von denen, die vorübergehen? Klar wäre ich am liebsten der barmherzige Samariter, der hilft. Aber wie sieht die Geschichte denn aus, wenn ich derjenige bin, der überfallen wurde? Was, wenn ich mich genauso fühle und halbtot und nackt im Straßengraben liege? Das Spannende ist ja: Jesus erwähnt gar nicht, was die Räuber genau erbeutet haben. Aber er macht deutlich: Dieser Mann, wurde seiner Menschenwürde beraubt. Er wurde nicht mehr gesehen, er wurde links liegen gelassen. Unbeachtet, nackt, hilflos im Straßengraben.

Er sieht dich

Für mich dreht sich das komplette Gleichnis, wenn ich es aus der Perspektive des Überfallenen betrachte, denn die Bibel sagt: Gottes Sohn kam in diese Welt. Er kommt in unser Leid und sieht uns verwundet im Straßengraben liegen. Aber, er geht nicht vorbei, sondern beugt sich zu uns herunter, verbindet unsere Wunden und sorgt dafür, dass wir gesundgepflegt werden. Er hat alles für uns bezahlt, alle unsere Wunden geheilt.

Die Reihenfolge ist wichtig

Am Ende kann ich nur anderen helfen, wenn ich selbst heil bin. Deshalb sagt Jesus ja auch, wir sollen unseren Nächsten so lieben „wie uns selbst". Wenn du also einen Unterschied in dieser Welt machen möchtest und dich fragst: „Wie weit reicht mein Licht?", dann musst du zuerst selbst heil werden, dann zu den Füßen Jesu sitzen und hören was er zu sagen hat und zuletzt hinsehen statt wegsehen.

Zum Weiterlesen

Wenn du wirklich nachhaltig die Welt, in der wir leben, verändern möchtest, dann lade ich dich ein, zum Beispiel eine Patenschaft bei Compassion zu übernehmen. Mein Motto heißt: „Ich kann nicht die ganze Welt retten, aber ich kann für ein Kind die Welt retten." Eine Patenschaft ermöglicht einem Kind eine andere Zukunft und dieses Kind wiederum wird seine Welt verändern. Mehr Informationen zu Compassion gibt es unter www.compassion.de.

Zum Weiterdenken

An welchem der drei Schritte stehst du? Welches wäre dein nächster Schritt? Bist du noch bei Schritt eins und musst zuerst selbst heil werden und dich selbst lieben? Oder bei Schritt zwei und du darfst dir mehr Zeit nehmen zu Jesu Füßen zu sitzen und zuzuhören? Oder bist du bei Schritt drei und musst lernen öfter Mitgefühl zuzulassen und hinzusehen statt wegzusehen?

NACHWORT

Vor zwei Jahren haben wir ein altes Haus gekauft. Baujahr 1964. Da gab es so einiges zu renovieren: neue Fenster, neue Böden, neuer Anstrich. Wir haben das Haus einmal umgedreht, doch erst vor kurzem ist mir aufgefallen, dass zwischen zwei Zimmern irgendwie noch ein Hohlraum sein muss. Und tatsächlich: Man hatte einfach einen kleinen Raum zugemauert. Mein erster Gedanke war: Bestimmt ist in diesem geheimen Zimmer ein Schatz verborgen. In meiner Fantasie sah ich bereits einen Koffer, gefüllt mit Geld.
Über die Decke gelang es mir, einen Blick in den kleinen Raum zu werfen. Ich traute meinen Augen nicht. Der Raum war ganz leer und in der Mitte lag ein sehr alter, mit Samt überzogener Koffer. Mein Herz schlug schneller als ich mit einer langen Harke den Koffer raus angelte. Wie viel Geld würde wohl drin sein? Oder vielleicht sogar Gold?
Ich versammelte die ganze Familie um diesen ehrwürdigen Koffer um den Moment gebührend zu feiern, wenn wir erkennen, dass wir nun für alle Zeit ausgesorgt haben. Klack. Klack. Die Schlösser rechts und links sprangen auf. Langsam hob ich den Deckel an und – leer. Nichts drin. Absolut gar nichts.

Irgendwie war ich enttäuscht. Aber irgendwie auch nicht. Stattdessen freute ich mich an meinem kindlichen Glauben und dem Abenteuergeist. Etwas in mir hatte tatsächlich von einem Goldfund geträumt. Der leere Koffer bedeutet aber nicht, dass ich aufgehört hätte zu träumen. Im Gegenteil. Wenn ich demnächst bei Gartenarbeiten auf einen vergrabenen Metallkoffer stoße, wird dieser mit Sicherheit mit allerlei Schmuck und Bargeld gefüllt sein. Denn, wie Wolfgang Schulze sagt: „Wer aufhört zu träumen, ist entweder am Ende oder am Ziel."

Deshalb hoffe ich, dass dich dieses Buch ermutigt hat und du weiter träumen und hoffen kannst. Vor uns liegt ein neuer Tag, ein Leben voller Geschenke, die Gott uns gibt. Wir sind jetzt schon reich. Wir haben einen Schatz gefunden, der wertvoller ist, als alles andere und für den es sich lohnt, alles auf eine Karte zu setzten (Matthäus 13,44–46). Egal, wo du gerade stehst, du darfst wissen: Du trägst einen Schatz in dir (2. Korinther 4,6), Gott hat dich reich beschenkt und hat Gutes für dich im Sinn. Deshalb kann ich voller Überzeugung sagen: Vor dir liegt ein NEUER TAG.

ANHANG

Die CD „Neuer Tag“ kannst du unter folgendem Link herunterladen: https://danielharter.bandcamp.com/music

Über die folgenden QR Codes ist das Album auch digital erhältlich:

Spotify

Apple Music

Weitere Bücher & CD’s von Daniel Harter sind auf danielharter.de verfügbar:

Instabibel

nutella für die Seele

Schrille Stille

www.danielharter.de
www.musikmissionar.de
www.gottloben.de
www.lobpreisleiter.de
www.sunrise-online.de
www.compassion.de
www.kirchefueroberberg.de
www.facebook.com/danielharter.musikmissionar
www.musikgottesdienst.de